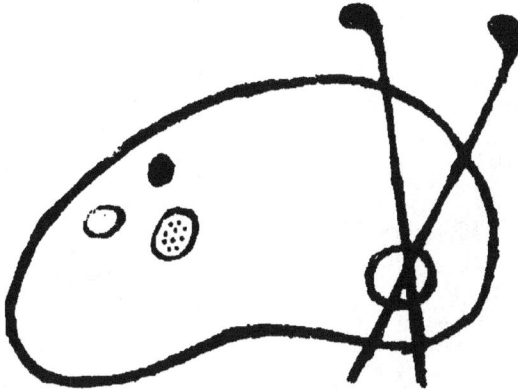

Début d'une série de documents
en couleur

OUVERTURES SUPERIEURE ET INFERIEURE D'IMPRIMEUR

Fin d'une série de documents
en couleur

LE ROBINSON DE DOUZE ANS

1ᶜᵉ SÉRIE IN-8.

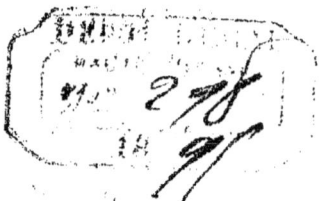

LES CARESSES DE MON FIDÈLE CASTOR ME
RAPPELÈRENT A LA VIE. (P. 19.)

LE
ROBINSON
DE DOUZE ANS

PAR

M. de BEAULIEU

CINQ GRAVURES

LIMOGES

EUGÈNE ARDANT ET Cⁱᵉ

EDITEURS

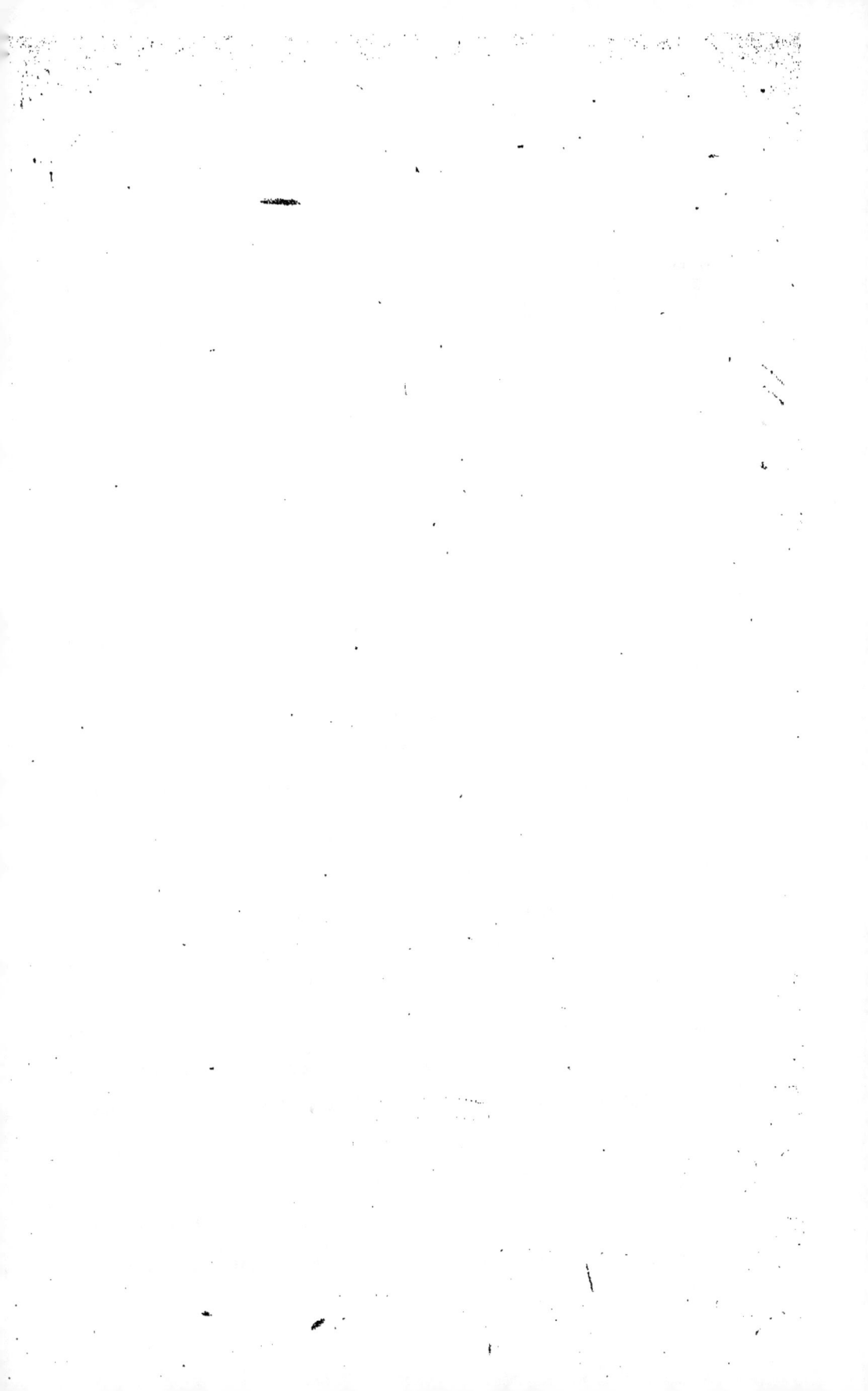

LE

ROBINSON

DE DOUZE ANS

I

Louis Francœur avait servi trente ans son pays
avec honneur ; sa bravoure et sa bonne conduite
lui avaient acquis l'estime de ses chefs ; sa fran-
chise et sa gaieté l'avaient fait chérir de tous ses
camarades. Couvert de blessures et âgé de qua-
rante-six ans, il sentait le besoin de se reposer
et de se faire une famille.

Louis revint au lieu de sa naissance avec le
grade de sergent. Il jouissait d'une pension de
quatre cents francs, et d'un revenu de huit cents
que lui avaient laissé ses parents. Il fut reçu dans
son village, situé à une lieue de Brest, avec joie
et affection. Une jeune et jolie paysanne ne dédaigna point l'offre de sa main, et les lauriers
qui couvraient le front du soldat effacèrent à ses
yeux la différence des années. Cette union fut
heureuse ; Francœur, toujours satisfait et joyeux,

parce que sa conscience était pure, voulait que tout fût content autour de lui ; le bonheur de sa femme était une partie essentielle du sien. Suzanne, excellente ménagère, entretenait l'ordre et la propreté dans la maison, pourvoyait à tous les besoins de son mari avec une tendre sollicitude, écoutait avec intérêt le récit des batailles où il s'était trouvé ; et lorsque le guerrier peignait avec force les dangers auxquels il avait été exposé, Suzanne le serrait dans ses bras, comme pour s'assurer qu'il y avait échappé.

Bientôt un nouveau lien vint resserrer cette douce union. La naissance d'un fils combla les vœux des deux époux. « Je veux, avait dit Francœur, qu'il soit nommé Félix, car j'espère bien qu'il sera aussi heureux que son père, qui ne changerait pas son sort pour celui d'un roi. » Félix ne quittait le sein de sa mère que pour passer dans les bras de Francœur, et s'endormait au bruit d'une chanson guerrière que celui-ci fredonnait, tandis que Suzanne berçait mollement cet enfant chéri.

Que de projets formait l'heureux couple pour l'éducation de son cher Félix ! « J'en ferai un honnête homme, disait Francœur, un bon citoyen et un brave défenseur de la patrie ; » et à ces mots un rayon d'orgueil brillait dans les yeux du soldat.

A cinq ans, Félix fut envoyé à l'école. Son

père surveillait ses études, lui faisait chaque jour répéter ses leçons, et faire, sous ses yeux, une page d'écriture. Sa mémoire et son intelligence comblaient de joie ses bons parents. Cependant une extrême pétulance, une grande dissipation, n'étaient pas les seuls défauts de l'enfant : il montrait avec ses camarades une humeur querelleuse qui lui attirait souvent des horions ; et, à huit ans, il ne rentrait presque jamais qu'avec un œil poché ou une oreille déchirée. Cependant il ne se plaignait de personne : il avait bien pris sa revanche, cela le satisfaisait. Félix eût donc été un assez mauvais sujet si la crainte de son père ne l'eût retenu ; mais le sergent l'élevait avec une sage sévérité, qui n'était que trop tempérée par la tendresse souvent excessive de la mère. Ce fut à cette époque qu'une fièvre épidémique enleva l'honnête Francœur à son épouse désolée, et délivra leur fils de cette crainte salutaire, si nécessaire à un caractère tel que le sien. Dès lors il se livra entièrement à son goût pour le jeu, négligea ses études, et ne tint aucun compte des douces réprimandes de Suzanne.

Le voisinage d'un port de mer avait inspiré à Félix une forte inclination pour l'état de marin. Souvent il s'échappait du logis, à l'insu de sa mère, pour courir à Brest ; il parcourait le port, montait dans les vaisseaux et s'exerçait à grimper le long des cordages. Sa hardiesse et son agilité le firent remarquer des officiers, qui l'encourageaient à ce jeu.

Quelquefois la journée entière s'écoule dans cet exercice fort de son goût; il ne rentre chez sa mère que le soir, haletant, trempé de sueur, et n'ayant rien mangé depuis le matin. La pauvre Suzanne pleure et se désole; elle dit à son fils qu'il la fera mourir de chagrin, mais il lui répond qu'il faut bien qu'elle s'accoutume à cela, parce que, dès qu'il sera assez fort, il est résolu de s'embarquer sur le premier navire où l'on voudra le recevoir.

Environ quatre ans se passèrent de cette manière; la veuve de Francœur, craignant que son fils, déjà fort et grand, ne lui échappe au premier moment, écrit au capitaine Sinval, parrain de cet enfant, pour le prier de l'embarquer avec lui et d'être son protecteur et son guide, puisqu'il n'y a pas moyen de s'opposer à son inclination. Elle en reçoit une réponse favorable; il lui envoie de l'argent pour payer le voyage de Félix, qui doit l'aller rejoindre à Lorient, où il commande un vaisseau qui doit sous peu mettre à la voile.

Suzanne, en instruisant Félix de la démarche qu'elle avait faite et de son heureux succès, mêla de tendres reproches aux conseils qu'elle voulait lui donner. « Mon fils, lui dit-elle, tu m'as causé bien des chagrins depuis la mort de ton père; jamais tu n'as voulu écouter mes conseils, ni consentir à travailler pour t'instruire. Puisses-tu n'avoir jamais à te repentir du mal que tu m'as fait par désobéissance ! Aujourd'hui tu peux tout réparer : tu veux, dis-tu, être marin ; j'ai écrit à M. Sinval pour le prier de te prendre avec lui sur son navire ; il y consent, et dans quelques jours tu partiras pour Lorient. Tâche de satisfaire ton protecteur par ta soumission, efforce-toi de devenir un honnête homme et n'oublie pas ta mère, que tu vas laisser seule. »

Félix avait le cœur bon ; le discours de sa mère, accompagné de larmes et de sanglots, le toucha vivement : il se jeta à ses genoux, et, lui baisant tendrement les mains, il lui témoigna le plus vif repentir de sa conduite passée. Cependant, malgré son repentir passager, il ne peut s'empêcher de se réjouir de son départ. Enfin, il va être marin ; enfin il sera libre, du moins, c'est ainsi qu'il envisage sa vie nouvelle. Aussi n'écoute-t-il que d'une oreille distraite les derniers conseils de Suzanne.

Les jours qui suivirent cet entretien furent employés à mettre en ordre les vêtements de Félix et à y ajouter ceux qui lui étaient nécessaires. Félix, sur le point de se séparer de sa mère, ne la quittait pas un instant, et semblait vouloir la dédommager des peines qu'il lui avait causées. Suzanne aurait pu concevoir l'espérance de le garder près d'elle, si l'enfant, tout en la cares-

sant, ne l'avait souvent remerciée de sa condes-
cendance et de la permission qu'elle lui donnait
de s'embarquer, en l'assurant qu'elle faisait son
bonheur. « Quel plaisir, chère maman, lui disait-
il, quand je reviendrai près de toi ! Je serai un
homme alors. Tu verras comme je serai corrigé.
Quel plaisir, après de longues traversées, de te
raconter mes voyages et de rapporter toutes les
jolies choses que j'achèterai pour toi sur mes
économies ! » A ces promesses enfantines, Suzanne
soupirait amèrement. « Dieu seul, disait-elle, sait
si je te reverrai ! mais la vie n'aura plus de charmes pour moi, privée de mon unique enfant. »

Enfin le jour du départ arriva. Suzanne conduisit son fils à Brest, paya sa place à la diligence
de Lorient, et le recommanda aux soins du conducteur, qu'elle intéressa par une petite gratifi-
cation. Il fallut arracher Félix des bras de sa
mère. Elle suivit des yeux la voiture tant qu'elle
put l'apercevoir, puis elle reprit tristement le
chemin de son village. Félix, baigné de larmes,
partageait la douleur de sa mère ; mais il en fut
bientôt distrait par le mouvement et par la nou-
veauté des objets qui s'offraient à ses regards.
Quelque amusant que dût lui paraître le premier
voyage qu'il eût jamais fait, la pétulance de son
caractère le lui fit trouver long ; il aurait voulu
être aussitôt arrivé que parti. Quand la diligence
s'arrêtait à l'auberge, il mangeait à table d'hôte,

et précipitait son repas pour être plus tôt prêt à remonter dans la voiture, et en s'impatientant contre les voyageurs qu'il accusait de retarder le départ. Enfin on aperçut la tour de Lorient. Félix frappa dans ses mains, poussa des cris de joie ; et quand la diligence s'arrêta, il se précipita à la portière en heurtant ses compagnons de voyage, et ne fit qu'un saut dans la rue. Une dame s'é-cria : « Voilà un petit garçon bien mal élevé ! — Ma foi, madame, répondit l'enfant, tant pis si cela vous fâche ; je suis marin, je vais rejoindre mon bâtiment, et je ne veux pas qu'il mette à la voile sans moi. » Il fallut pourtant qu'il prît pa-tience et qu'il attendît que le conducteur eût des-cendu de sa voiture tous les effets des voyageurs. Cet homme s'était chargé de conduire lui-même Félix chez M. Sinval, à qui il devait remettre une lettre de Suzanne

Le capitaine reçut très bien son filleul, qu'il n'avait pas vu depuis son enfance. La physiono-mie heureuse de l'enfant, son air libre et dégagé, le prévinrent favorablement. « Mon ami, lui dit-il, pour ton premier voyage je ne puis t'embar-quer qu'en qualité de mousse ; mais si tu fais bien ton devoir, si tu t'appliques à la manœuvre, je te promets un avancement prompt. Dans deux jours nous allons en rade de Port-Louis, et nous partirons au premier bon vent. Profite de ce peu de temps pour voir la ville et le port, et n'oublie pas d'écrire à ta bonne mère, dont la tendresse mérite toute ta reconnaissance. » Félix baisa la main de son parrain et se retira dans le petit cabinet où il devait coucher. Il mourait d'envie de sortir pour examiner le port de Lorient, et voir deux superbes bâtiments qui étaient sur les chantiers, et dont l'un devait être lancé dans peu de jours. Mais son cœur lui suggéra une pensée à laquelle tout le reste céda. « Je me connais, se disait-il à lui-même ; si une fois je sors, tant de choses exciteront ma curiosité que je ne penserai peut-être plus que je dois écrire à ma mère ; si elle ne reçoit point de lettres de moi, elle croira que je suis un enfant ingrat ; je ne veux pas lui causer ce nouveau chagrin. » Alors Félix s'assit devant une petite table, et commença une petite lettre bien tendre. A mesure qu'il écrivait, les idées s'offraient en foule à son esprit, et, sans s'en apercevoir, il remplit trois grandes pages de ses promesses et de l'expression de son affection. Alors, satisfait de lui-même, il cacheta sa lettre, et pria Lapierre, domestique de M. Sinval, de lui enseigner où était la poste. Ce garçon s'offrit de l'y conduire et de l'accompagner dans tous les endroits qu'il désirerait visiter, ce que Félix accepta avec grand plaisir.

Nous n'accompagnerons pas Félix dans toutes ses promenades ; il vit des choses curieuses et dont il aurait pu tirer beaucoup d'instruction ;

mais il vit en enfant, et vous remarquerez combien il eut lieu de regretter par la suite d'y avoir fait si peu attention. Enfin, il est à bord d'un vaisseau qui doit se rendre aux Antilles ; les ancres sont levées, un vent favorable enfle les voiles, et les côtes de la France disparaissent aux yeux étonnés de Félix. Je voudrais pouvoir vous tracer la route que fit le navire ; mais notre apprenti marin était si étourdi que, lorsqu'il a raconté ses aventures, il n'a jamais pu en rendre compte. Il dit seulement que, pendant deux mois, la traversée fut fort heureuse, et n'a pu parler ensuite que de ce qui le regardait personnellement.

Il était extrêmement chéri de son parrain, dont il avait gagné le cœur par ses attentions et ses manières caressantes ; ses espiègleries amusaient M. Sinval. Lorsqu'il avait mérité d'être puni, il s'en tirait par quelque heureuse saillie, et, quand on avait ri, on était désarmé. Le titre de mousse du capitaine lui donnait une grande prépondérance parmi ses camarades ; il en abusait au point de les tyranniser. Ils lui faisaient une espèce de cour ; il avait ses favoris, à qui il permettait tout ; mais ceux qui lui déplaisaient, ou qui résistaient à ses volontés étaient souvent maltraités, et ne pouvaient obtenir justice du capitaine, trop prévenu en faveur de son protégé.

Une seule fois il fit un bon usage de son pouvoir : un passager venait de mourir ; il laissait un chien dont personne ne s'occupait, si ce n'est les petits mousses qui se divertissaient à le tourmenter. Tantôt ils lui attachaient à la queue un papier ou quelque objet bruyant; le pauvre Castor, effrayé, courait de tous côtés en poussant des hurlements, et recevait encore des coups de pied des matelots impatientés de ces cris. Une autre fois, ces méchants enfants lui mettaient des pétards dans les oreilles et lui faisaient une peur affreuse. Félix se déclara le protecteur du pauvre animal, et jura, en enfonçant son chapeau, que le premier qui ferait du mal à Castor aurait à faire à lui; cette menace suffit pour contenir ses persécuteurs. Félix, non content de l'avoir garanti de leur malice, se chargea de sa subsistance; il partageait sa portion avec lui, et, par mille petites gentillesses, il obtenait du cuisinier quelque chose pour son chien. Celui-ci, reconnaissant de tant de soins, s'attacha à son bienfaiteur; il le suivait partout, couchait sous son hamac, et montrait les dents à ceux qui faisaient mine d'attaquer son jeune maître. Félix se félicitait d'avoir un ami tel qu'il le lui fallait, c'est-à-dire docile à toutes ses volontés, soumis à tous ses caprices, et le préférait à ses camarades, qui prenaient encore quelquefois la liberté de le contrarier.

Cependant le temps changea tout à coup; il s'éleva un épais brouillard qui dura plusieurs jours. Le vaisseau s'écarta de sa route et fut entraîné vers le sud-est.

Une tempête affreuse survint, et mit le navire dans le plus grand péril; les mâts furent fracassés et jetés à la mer. Trois jours et trois nuits s'écoulèrent dans cette terrible situation; le vaisseau, ouvert en plusieurs endroits, laissait pénétrer une telle quantité d'eau, que les pompes ne pouvaient plus suffire à l'alléger. L'équipage était épuisé de fatigue et entièrement découragé. Pour comble de malheur, le capitaine, qui était sur le pont pour donner ses ordres et animer les matelots, fut enlevé par une lame; le second, qui prit le commandement, n'avait ni son sang-froid ni son autorité. On découvrit, au point du jour, une côte éloignée d'environ une lieue; l'équipage demanda à se jeter dans les chaloupes pour tâcher d'y aborder, et, malgré le refus du commandant, les matelots lancèrent les embarcations à la mer, et leur chef se trouva trop heureux qu'ils voulussent bien l'y recevoir. Les hommes y descendirent tous, ainsi que les mousses; Félix voulut en faire autant, mais il n'y avait plus de place, et elles paraissaient surchargées. Il n'avait plus son protecteur; il ne s'était point fait aimer; il fut repoussé, renversé sur le pont presque sans connaissance; et, quand il revint à lui, il se trouva seul avec son chien, et il vit les chaloupes à une grande distance, luttant contre les flots irrités.

Comment exprimer le désespoir de ce pauvre enfant, en présence d'une mort certaine. Il s'ar-

rachait les cheveux, remplissait l'air de cris. Au
milieu de ses plaintes, il vit les chaloupes renver-
sées l'une après l'autre, et englouties au fond de
la mer. Cet affreux spectacle acheva de l'accabler ;
il tomba la face contre terre, dans une angoisse
mortelle. S'attendant à chaque instant à voir le
vaisseau s'entr'ouvrir, il pensait qu'il aurait le
même sort que ses malheureux compagnons ; la
vue des vagues écumantes qui battaient les flancs
du vaisseau, le bruit affreux des vents et les
éclats de tonnerre augmentèrent encore toutes
ses frayeurs. Cet état se prolongea durant deux
mortelles · heures , le vaisseau étant toujours
poussé par le vent et par la marée du côté de la
terre ; enfin il donna sur un écueil, et un craque-
ment épouvantable annonça son entière disloca-
tion. Il s'ouvrit de toutes parts, et Félix, préci-
pité dans les ondes, alla d'abord au fond, puis il
remonta sur l'eau; mais, comme il était bon
nageur, il employa toutes ses forces pour se soutenir, et il se dirigea du côté de la terre. Tantôt
les vagues l'y portaient; tantôt d'autres, avançant
dans un sens contraire, le repoussaient loin du
rivage et le couvraient d'une montagne d'eau.
Bientôt il fut épuisé par ses efforts, ses forces
l'abandonnèrent, ses bras et ses jambes cessèrent de se mouvoir, et il allait être englouti, si le
fidèle Castor, qui nageait près de lui, n'eût saisi
son vêtement dans sa gueule, et ne l'eût soutenu

avec une vigueur extraordinaire. Le brave animal
fendait les flots avec son fardeau, et, grâce à sa
force et à son adresse, il parvint jusqu'au rivage,
dont l'abord était facile; il y déposa son cher
maître, et, le voyant incapable de s'aider, il le
traîna sur le sable à une certaine distance de
l'eau.

II

Félix était en sûreté sur le rivage. Nous allons
le laisser parler lui-même et rendre compte de ce
qu'il pensa et de ce qu'il fit quand il eut recouvré
l'usage de ses sens. Il a écrit lui-même la relation
de ce qui lui est arrivé depuis l'instant de son
naufrage jusqu'à celui où il fut rendu à la société;
c'est cette relation que nous allons reproduire.

J'étais, dit-il, étendu sur le sable, sans mouvement et sans connaissance. Les caresses de mon
fidèle Castor me rappelèrent à la vie; ce bon
animal, épuisé par les efforts qu'il avait faits pour
me sauver, léchait mes mains et mon visage, et
ne parut content que lorsqu'il me vit ouvrir les
yeux. Dans ces premiers instants, je ne sentais
que la joie d'exister encore; j'embrassais en pleurant le bon animal à qui je devais la vie.

Les vents s'étaient calmés, les flots commençaient à s'apaiser, le tonnerre ne se faisait plus
entendre qu'au loin et à de longs intervalles.

Bientôt le soleil acheva de dissiper les nuages, et se montra dans tout son éclat; sa chaleur acheva de me ranimer et sécha mes vêtements; mais j'étais consumé par une soif ardente. Castor, qui éprouvait le même tourment, haletait près de moi, et sa langue desséchée sortait de sa gueule ouverte. Je jetais de tous côtés de tristes regards, et je ne voyais autour de la plage sablonneuse où j'avais abordé, que des rochers escarpés qu'il me paraissait impossible de franchir. Tout à coup Castor prend sa course et s'éloigne rapidement; en vain je l'appelle de toutes mes forces, il ne paraît plus entendre ma voix et disparaît à mes yeux. Je me crois abandonné de mon compagnon, et mes larmes coulent en abondance. La faim et la soif me tourmentent, et je ne vois aucun moyen de les satisfaire. Je cesse de regarder la vie comme un bienfait.

Une heure se passa dans cette pénible situation; j'en fus enfin tiré par le retour de Castor, qui accourait frais et dispos. En sautant sur moi pour me caresser, il secoua ses longues oreilles, et mes mains furent couvertes d'eau; je devinai facilement que cet animal, guidé par son instinct, avait découvert une source derrière les rochers. La soif était alors le plus pressant de mes besoins; je me levai avec vivacité, et, en flattant mon camarade, je marchai du côté où je l'avais vu s'enfoncer. Il en parut tout réjoui; il courait

en avant, puis il revenait vers moi, et semblait
m'inviter à le suivre. Enfin, il me découvrit l'entrée d'une espèce de caverne; l'ouverture en
paraissait trop étroite pour nous donner passage.
Castor s'y glissa le premier avec beaucoup de
peine; j'y entrai après lui en me traînant sur les
mains et les pieds. J'étais pénétré de frayeur. Le
silence et l'obscurité de cette route souterraine
auraient suffi pour épouvanter un enfant; je
croyais y rencontrer des serpents et d'autres
animaux venimeux, et la crainte d'en être dévoré
me faisait trembler de tout mon corps. Sans la
soif qui me brûlait, je serais retourné sur mes
pas. Enfin j'aperçus une faible lumière qui pénétrait à travers les fentes du rocher; elle me découvrit un long passage sous terre; il s'élargis-
sait insensiblement. Plus j'avançais, plus la voûte
avait de hauteur; je pus enfin me lever et marcher sur les pas de Castor qui me servait de
guide. Après environ un quart d'heure, j'aperçus
une large ouverture; je m'y précipitai, bien em-
pressé de sortir d'un si triste lieu. Je ne puis exprimer quelles furent ma surprise et ma joie en
me voyant dans une belle plaine couverte d'herbes
et de plantes qui m'étaient inconnues, et bordée
d'arbres d'une hauteur prodigieuse. Un ruisseau
serpentait au milieu d'un gazon couvert de fleurs.
J'y courus, et, puisant de l'eau avec mes mains,
je me désaltérai tout à mon aise; je me rafraî-

chis aussi le visage, et ce soulagement, en dimi-
nuant mes souffrances, me rendit capable de réfléchir sur ma situation. Elle était déjà moins
pénible, cet endroit charmant me promettait des
ressources pour ma subsistance, que je ne pouvais espérer sur la côte aride où j'avais été jeté.

La soirée était avancée; je mourais de faim et
ne voyais rien de bon à manger. J'arrachai quelques herbes, mais elles étaient dures et amères;
il me fut impossible de les avaler. Castor éprouvait le même besoin; tous deux, couchés sur
l'herbe, nous étions exténués de faiblesse. Enfin
le sommeil s'empara de nous, et, à défaut de
nourriture, il répara nos forces épuisées; nous
dormîmes toute la nuit. A notre réveil, la faim se
fit sentir de nouveau; je m'approchai de quelques
arbres, et l'heureuse habitude que j'avais acquise
de grimper le long des mâts sans m'aider des
cordages, pour montrer mon adresse et mon
agilité, me fut bien utile dans cette occasion.
J'embrassai de mes genoux le tronc d'un arbre
dont le feuillage épais pouvait cacher quelques
fruits, et, en m'aidant des pieds et des mains, je
parvins jusqu'au sommet. Mais je ne fus pas dé-
dommagé de ma peine; je ne trouvai aucun fruit,
et, rebuté de ce mauvais succès, je descendis et
me mis à pleurer. M'apercevant que mes larmes
ne me servaient à rien, je repris courage et je
visitai encore plusieurs arbres, toujours inutile-

ment. Enfin je découvris sur le dernier un très
grand nid, artistement travaillé, dans lequel je
trouvai sept œufs beaucoup plus gros que ceux
de nos poules. J'en cassai un et l'avalai sur-le-
champ; mais cet aliment me dégoûta; je le trouvai bien différent des bonnes omelettes que faisait
ma mère, et des œufs durs qu'elle servait sur
notre table avec une salade appétissante. « Eh!
qui m'empêche de les faire cuire? me dis-je
alors; j'ai dans ma poche un briquet et de l'amadou, je puis ramasser du bois sec et faire du
feu; je mettrai mes œufs dans les cendres, ils
seront bientôt durs. » Enchanté de cette idée, je
les enveloppe dans mon mouchoir de peur de les
casser, et, descendant avec précaution, j'arrive à
terre sans accident avec ma petite provision. Je
m'assieds sur l'herbe et visite mes poches, chose
à laquelle je n'avais pas encore songé; j'y trouvai
mon briquet, de l'amadou qui, renfermé dans
une boîte de fer-blanc, n'avait point été mouillé,
un couteau assez fort, une grosse pelote de ficelle
et une toupie. C'était mon jeu favori; mais, dans
ce moment, je ne daignai pas même le regarder;
j'avais bien autre chose à faire qu'à jouer. J'allai
de tous côtés chercher des feuilles sèches et du
bois mort; je fis du feu, le soufflai avec ma bouche; une flamme pétillante s'éleva; il se forma
aussitôt un monceau de cendres. J'y enterrai mes
œufs et je tâchai de distraire mon impatience jus-

qu'à ce qu'ils fussent cuits. Alors seulement je
m'aperçus de l'absence de Castor; je pensai qu'il
cherchait aussi sa nourriture, et je ne doutai pas
qu'il ne vînt bientôt me rejoindre. En fort peu de
temps les œufs furent durcis; j'en dévorai quatre
avec un appétit qui me les fit trouver excellents,
quoique je n'eusse rien pour les assaisonner.
J'allais manger les deux derniers; mais je réfléchis que je ne serais peut-être pas assez heureux
pour en trouver d'autres dans la même journée,
et qu'il était prudent de garder ceux-ci pour mon
souper. Je les serrai soigneusement, et j'eus le
courage de faire taire ma faim, qui n'était rien
moins que satisfaite. Plusieurs heures s'étaient
écoulées dans ces occupations, et le soleil dardait
ses rayons sur ma tête découverte. J'allai chercher de l'ombre sous de grands arbres qui bordaient la plaine, et je m'amusai à les examiner.
J'en vis un dont le tronc était garni de gros fruits
qui ressemblaient à des citrouilles, et j'en abattis
un avec une grosse branche que j'avais trouvée à
terre. L'écorce en était si dure que j'eus de la
peine à en couper un morceau avec mon couteau;
la chair était molle et jaunâtre, et le goût si désa-
gréable que je ne pus en manger. Je jetai de
colère le fruit loin de moi et j'étais de fort mauvaise humeur quand j'aperçus Castor qui revenait
de sa chasse. Sa gueule était ensanglantée; il
traînait le corps d'un animal qu'il avait étranglé,

et dont il avait déjà dévoré une partie; cette vue me causa une grande joie. Je caressai mon chien, et, comme il était rassasié, je n'eus pas de peine à m'emparer de sa proie. J'écorchai de mon mieux cet animal, qui était de la grosseur d'un lièvre, mais dont la tête ressemblait à celle du cochon. Ce travail achevé, je courus à mon feu; il brûlait encore sous la cendre; je rassemblai les plus gros charbons, et je fis griller une cuisse de ma bête. Sa chair était blanche comme celle du lapin, mais fort sèche, et je lui trouvai un goût sauvage; cela ne m'empêcha pas d'en manger d'un bon appétit. Je me désaltérais de temps en temps avec l'eau du ruisseau; mais, ne pouvant la puiser qu'avec mes mains, il n'en arrivait que quelques gouttes à ma bouche. Il me vint alors une heureuse idée; je courus ramasser la citrouille que j'avais jetée avec tant de dédain, j'élargis l'ouverture avec mon couteau, j'ôtai toute la chair, et je raclai l'écorce en dedans. J'eus alors un vase plus grand qu'une bouteille; je courus le remplir au ruisseau, et j'étanchai ma soif tout à mon aise. Je fus d'autant plus content de mon invention, que je pensai que je pouvais me fabriquer avec ce fruit des ustensiles de différentes formes qui me seraient fort utiles.

La grande chaleur et le repas solide que je venais de faire provoquèrent le sommeil; je m'étendis sous un arbre; Castor se coucha à mes pieds; je ne sais combien de temps je dormis, mais, en m'éveillant, je me trouvai entièrement délassé. Je me mis à songer à ce que je devais faire; et voici ce que je me dis à moi-même : « Je suis tout seul dans un pays que je ne connais nullement, et je risque d'y mourir de faim. Du haut de ces arbres je vois une montagne bien haute; si je pouvais grimper jusqu'au sommet, je découvrirais tout le pays; je verrais des maisons et des hommes. Sans doute ils auraient pitié de moi et me donneraient du pain. Je m'offrirais pour les servir; j'aimerais mieux travailler pour eux que d'être ainsi abandonné, puisque je n'ai ni l'âge ni la force de pourvoir à mes besoins. J'ai toujours désiré d'être mon maître et de n'obéir à personne. Combien j'étais insensé! Maintenant je vais où je veux, je fais ce qu'il me plaît, et je n'ai jamais été si malheureux. O ma bonne mère! si je pouvais retourner auprès de vous, avec quel plaisir je ferais tout ce que vous me commanderiez! J'ai bien mérité mon sort par mon indocilité. » Deux ruisseaux de larmes coulaient le long de mes joues à ces tristes réflexions. Je repris enfin un peu de courage, et je me décidai à partir le lendemain pour la montagne, et, si je découvrais quelque habitation, à m'y rendre le plus tôt possible. Je songeai à faire quelques provisions; je suspendis le reste de ma viande grillée à une branche d'arbre, et j'abandonnai à

mon chien celle qui n'était pas cuite. Je m'occupai ensuite à chercher des œufs; j'en trouvai
cinq dans un nid et quatre dans un autre. J'attisai
de nouveau mon feu et les fis cuire pour le voyage
du lendemain. Le soleil était couché quand j'eus
achevé cet ouvrage. Déjà je me disposais à m'é-
tendre sur le gazon pour y dormir comme j'avais
fait la veille, lorsqu'une idée terrible s'offrit à
mon esprit et me remplit de frayeur. Je m'imaginai que quelque bête sauvage affamée se jette-
rait sur moi pendant mon sommeil, et me dévo-
rerait. En vain, disais-je, mon brave Castor voudra me défendre; un ours, un lion, sont bien plus
forts que lui; et nous serons tous deux la pâture
de ces féroces animaux. Je ne vis d'autre moyen
d'éviter un sort funeste que de grimper sur un
des arbres les plus élevés; je me cachai dans le
plus épais du feuillage. J'étais assez bien assis
sur une forte branche, une autre me servait de
dossier; mes pieds étaient solidement appuyés;
mais tout cela ne me rassurait pas contre la
crainte de tomber. Je détachai mes jarretières, je
les nouai ensemble, et j'en formai une ceinture
avec laquelle je me liai fortement au tronc de
l'arbre. Malgré toutes ces précautions, la peur
me tint longtemps éveillé; j'étais d'ailleurs fort
inquiet pour mon cher compagnon, que je n'avais
aucun moyen de garantir du danger d'être dévoré.
Enfin je m'endormis en soupirant après le bon-

heur de trouver des hommes pour me défendre et me nourrir, et une maison pour me servir d'abri.

Castor, qui ne partageait ni mes craintes ni mes inquiétudes, dormit fort tranquillement; mais il fut le premier éveillé, et vint japper au pied de mon arbre comme pour m'avertir qu'il était temps de songer au départ. Le jour commençait seulement à poindre; c'était le moment favorable pour se mettre en route. Mes apprêts furent bientôt faits. J'enveloppai proprement la viande qui me restait avec de grandes feuilles d'arbre et je la liai dans mon mouchoir; je partageai mes œufs dans mes poches. Je remplis d'eau ma calebasse et, après l'avoir attachée avec de la ficelle à une branche que je pris sur mon épaule, je me mis en marche. Castor, qui avait amplement déjeuné du reste de sa chasse, me suivait gaiement avec mille sauts et mille gambades.

Après avoir traversé l'immense plaine où nous étions et dépassé les arbres qui l'entouraient, nous trouvâmes un terrain qui descendait par une pente douce, de manière que je fis plus d'une lieue sans éprouver la moindre fatigue. A mesure que j'avançais, l'herbe devenait si haute qu'elle m'allait jusqu'aux épaules. De temps en temps il sortait, du milieu de ce gazon touffu, des couvées de petits oiseaux effrayés de notre approche, ce qui me fit penser que les mères déposaient leurs œufs dans cette fraîche verdure. J'aurais pu facilement prendre quelques-uns de ces oiseaux, que leurs ailes soutenaient à peine; mais je n'étais occupé que du désir et de l'espoir de rencontrer des hommes; la crainte de retarder ma marche ne me permettait pas de m'arrêter ni d'examiner ce qui m'entourait. Dans le fond de la vallée je trouvai un obstacle que j'aurais pu prévoir, si j'avais eu un peu plus d'expérience : c'était une belle et large rivière qu'il fallait nécessairement passer pour arriver au pied de la montagne. Castor se jeta à la nage et fut bientôt à l'autre bord; je ne balançai pas à le suivre, quoique le trajet fût un peu long pour mes forces; j'étais sûr que le vigoureux animal viendrait à mon secours si elles me manquaient. Je n'en eus pas besoin cette fois, et j'arrivai heureusement sur le rivage. Malgré mon peu d'attention, je m'aperçus que cette rivière était très poissonneuse, et qu'avec le moindre filet on y pourrait faire une excellente pêche. Mais toutes ces choses me touchaient peu; j'étais loin de prévoir que je fusse destiné à me suffire seul à moi-même; et je comptais toujours que d'autres travailleraient pour moi.

Quand nous eûmes atteint le bas de la montagne, le soleil était dans toute sa force, et nul arbre ne s'offrait pour nous mettre à l'abri. Je pris le parti de tourner alentour, et je découvris, avec grand plaisir, une cavité dans le roc, où nous

pouvions nous retirer pendant la grande chaleur.
J'y portai quelques grosses pierres dont je me fis
un siége. Castor s'étendit à mes pieds. Le grand
air et l'exercice m'avaient donné tant d'appétit
que le morceau de viahde qui me restait me parut
bien petit, d'autant plus qu'il le fallait partager
avec mon camarade; ce fut bien pis quand, en le
développant, il exhala une odeur si mauvaise
qu'elle me souleva le cœur. La grande chaleur
l'avait absolument gâté; je fus obligé de l'abandonner à mon chien, qui n'en fit que deux bou-
chées, et de me contenter des œufs durs que
j'avais pris par précaution. Après m'être reposé
quelques heures, je commençai à gravir la montagne avec beaucoup de fatigues et de difficultés.
Dans quelques endroits c'était une roche unie où
mes pieds ne trouvaient aucune prise; je rampais
alors en m'accrochant à quelques plantes qui sor-
taient des fentes du rocher. Plus loin, la terre
était couverte de cailloux, et ailleurs le terrain
était si glissant que j'étais sur le point de rouler
jusqu'en bas. Je ne perdais pourtant pas courage,
et la vue d'un bouquet de bois que j'apercevais à
mi-côte me faisait redoubler d'efforts pour y arriver. Mon fidèle compagnon m'aidait de son
mieux; quand je me sentais glisser, je m'accro-
chais à sa crinière; il s'y prêtait avec la plus
grande complaisance, et avec son secours je
gagnai enfin le bois, où je trouvai le dédomma-

gement de toutes mes peines. De grands citronniers, chargés de fruits en pleine maturité, m'offrirent un soulagement dont j'avais le plus grand
besoin. La terre était couverte de citrons; j'en
mangeai avec avidité; rien ne m'a jamais tant
fait plaisir que ce jus rafraîchissant, dans un moment où je succombais à l'excès de la chaleur et
de la fatigue. Après m'être bien reposé, je remplis mes poches de citrons, et je quittai cet endroit agréable pour grimper avec un nouveau
courage et atteindre avant la nuit le sommet de
la montagne. J'avais surmonté les plus grandes
difficultés; le chemin qui me restait à faire étai'
uni et facile; une espèce d'escalier formé par la
nature me conduisit au terme de mes désirs;
mais, lorsque je l'eus atteint, le soleil était couché depuis longtemps et l'obscurité m'empêchait
de distinguer les objets éloignés et de satisfaire
mon impatiente curiosité. Je songeai donc à
m'arranger pour la nuit. Il n'y avait là aucun arbre où je pusse monter pour me mettre en sûreté
contre les bêtes féroces. La peur me prit et bientôt je fus saisi par un froid excessif; j'ignorais
encore que les lieux élevés sont toujours froids.
Je me décidai à faire un grand feu et à me coucher auprès. Beaucoup de plantes sèches m'en
donnèrent le moyen; j'en rassemblai un grand
tas que j'allumai facilement, et je m'endormis
malgré mes craintes. Je m'éveillai avec le jour,

et mon premier soin fut de promener mes regards
de tous côtés, pour découvrir quelque trace
d'habitations, des maisons ou des cabanes, des
hommes ou des troupeaux. Quels furent mon
effroi et ma douleur lorsque je vis que la terre où
je me trouvais était entièrement environnée par
la mer : qu'enfin c'était une île, et que sans doute
j'étais le seul être raisonnable qui l'habitât! Je
ne voyais nulle part de terre cultivée, pas une
seule chaumière, pas un animal domestique.
Songeant que j'avais moi-même causé mon malheur et abandonné ma mère, « malheureux que
je suis! m'écriai-je en me laissant tomber sur la
terre ; pauvre enfant abandonné! tu vas mourir
ici de misère et de besoin, puisque tu ne peux
attendre de secours de personne. » Je fondais en
larmes et j'étais livré au découragement. Me
voilà donc séparé du monde entier, condamné à
mourir dans l'isolement, emprisonné dans une île
où jamais être humain n'avait pénétré ; les caresses de Castor me tirèrent de cet état. Il paraissait
partager ma douleur : il me léchait les mains et
accompagnait mes sanglots de longs gémissements ; ses yeux se fixaient sur moi d'un air at-
tendri, tout en lui exprimait le plus vif intérêt.
Je ne pus y être insensible. « Voilà donc, dis-je
en soupirent, le seul ami que j'ai. » Et malgré
moi, je songeais à ma vie passée, à ma brutalité
envers mes camarades, aux chagrins que j'avais

causés à ma mère. Un chien, voilà la seule créature qui me reste et me comprenne. Cependant, je rendais à mon bon Castor ses touchantes caresses, et je finis par me trouver heureux de l'avoir près de moi.

Il fallait songer à ma subsistance, puisque je ne pouvais plus compter que sur moi-même. La faim me pressait, et je n'avais que quelques citrons qui me rafraîchissaient, mais ne me nourrissaient pas. J'examinai avec plus de sang-froid, du haut de la montagne, tous les lieûx environnants, pour arrêter celui où je ferais ma demeure. Je voulais me rapprocher du rivage de la mer, où j'espérais trouver des coquillages pour ma nourriture; mais, du côté opposé à celui où j'avais abordé, je découvris une rive qui me parut fertile; quelques grands arbres et une multitude d'arbrisseaux lui donnaient un aspect riant. Je remarquai bien de quel côté je devais descendre, et le chemin que je devais suivre ensuite pour m'y rendre. Alors, rassemblant toutes mes forces, et me soumettant à la nécessité, je pris la résolution de faire tous mes efforts pour soutenir ma vie, et de m'accoutumer au travail, qui pouvait seul me procurer tout ce qui m'était nécessaire, espérant bien qu'un jour quelque vaisseau aborderait dans mon île et m'arracherait à ma solitude. Je me rappelais avoir lu autrefois l'histoire de Robinson Crusoé. Pourquoi ne ferais-je pas,

en compagnie d'un chien, ce qu'un homme seul
avait pu faire?

III

Le lendemain, quand il fallut partir, ce fut un
jeu pour moi de descendre la montagne; tantôt
je m'asseyais et glissais ainsi un long espace de
chemin; quand je trouvais un sol uni, je me rou-
lais comme une boule, et ma course était encore
plus rapide. Arrivé en bas, je trouvai un beau
champ couvert de fleurs blanches et lilas qui s'épa-
nouissaient sur leurs tiges en formant de charmants
bouquets. Je reconnus sans peine la patate ou
pomme de terre. Ma mère en cultivait dans son
jardin, et j'étais chargé du soin de les arroser
mais, comme j'étais alors un petit paresseux, je
les laissais souvent manquer d'eau. Cette trouvaille devenait ici bien précieuse pour moi; mes
yeux se mouillèrent de larmes de joie, et je me
mis à déterrer autant de pommes de terre que
mes poches en purent contenir; j'en remplis
aussi mon mouchoir, et je fus délivré de la crainte
de mourir de faim. Je ne prévoyais pas que bientôt je ne pourrais faire aucun usage de cet aliment, puisque, mon amadou épuisé, je n'aurais
plus la possibilité de faire du feu. Je n'étais pas
accoutumé à réfléchir, et je jouissais du présent
sans songer à l'avenir.

Je sortis du champ de pommes de terre et je
côtoyai un ruisseau bordé de roseaux et de joncs;
il me conduisit à un bois que j'eus beaucoup de
peine à traverser, à cause des broussailles et des
lianes entrelacées qui me barraient souvent le
chemin; j'en coupai quelques-unes avec mon couteau; j'écartai les autres avec les mains, moyennant quelques égratignures; enfin, je parvins à
une place où les arbres, moins serrés, laissaient
un espace vide qui formait un joli salon de verdure. Ce lieu était charmant pour prendre le repos
dont j'avais le plus grand besoin, et j'y arrivai
au moment où la chaleur n'était plus supportable. Je jouissais avec délices de ce bienfaisant
ombrage; mais la faim qui me tourmentait ne me
permit pas de rester oisif. Après avoir couvert
mes patates de terre, je fis du feu sur la place
où je les avais mises. Castor, qui ne sentait rien
qui fût propre à satisfaire son appétit, partit pour
une de ses excursions. Pendant que mes pommes
de terre cuisaient, j'examinai avec attention les
arbres et les plantes qui m'environnaient; je reconnus avec un extrême plaisir le chêne majestueux, si commun dans le lieu de ma naissance;
son feuillage était un peu différent de celui de
l'Europe, mais les glands répandus sur la terre
ne me laissèrent pas douter que ce ne fût la
même espèce. Il me prit envie d'en goûter; je les
trouvai très doux et très agréables, et, pendant

que mon repas se préparait, je m'en régalai, en me réjouissant d'avoir découvert cette nourriture. Plus loin, je voyais des arbres d'une grande élévation; ils n'avaient des feuilles qu'au haut de leur tronc, où je les voyais rassemblées comme une couronne; au-dessous étaient des fruits aussi gros que ma tête, et formant des espèces de grappes. Un de ses fruits était tombé; j'aurais bien voulu savoir ce qu'il contenait, mais la coque était si dure, que mon couteau ne pouvait l'entamer; j'essayai de la briser en la frappant avec un gros caillou, mais je fus forcé d'y renoncer. L'odeur des pommes de terre grillées m'invitait à dîner; je m'assis sous un chêne, et fis un excellent repas; je m'avisai d'arroser mes pommes de terre avec du jus de citron, et fus fort content de cet assaisonnement. Mon bon chien arriva en ce moment, l'oreille basse et la mine affamée; je vis bien que sa chasse n'avait pas été heureuse; je lui présentai des pommes de terre, et, faute de mieux, il s'en accommoda; il ne dédaigna pas même les glands et en croqua jusqu'à ce qu'il fût rassasié.

La grande chaleur étant passée, je songeai à sortir du bois pour continuer ma route. Les arbres s'éclaircissaient peu à peu; je jetai un cri de joie en apercevant la mer à une petite distance. Quelques rochers bordaient cette côte, mais ils étaient rares et peu élevés; dans d'autres endroits la rive était plate et formait une belle grève. Je pressai ma marche pour arriver à cette place, et je l'atteignis avant le coucher du soleil; je le vis se perdre à l'horizon dans des flots de lumière, et ne pus détacher mes yeux de ce beau spectacle que lorsqu'il disparut entièrement à mes regards. Alors je m'occupai de choisir un emplacement pour dormir; je montai au haut d'un arbre planté sur un rocher. Ses racines avaient pénétré dans les fentes de la pierre, et lui donnaient assez de solidité pour braver les orages et la fureur des vents. Cependant cet asile était plus sûr que commode. Je ne pouvais m'accoutumer à dormir perché comme un oiseau; le matin je me sentais le corps brisé et j'éprouvais des douleurs dans tous les membres; je soupirais après le bonheur de dormir étendu sur quelque chose de moins dur que les branches d'un arbre; mais, pour y arriver, il fallait construire une cabane qui me mît à l'abri des attaques; j'y songeai presque toute la nuit, et je résolus de me mettre le lendemain même à l'ouvrage. Dès que le jour parut, je descendis sur le rivage; les sommets des rochers étaient parés d'une riante verdure et d'une grande variété d'arbres. L'espace entre eux et la mer était couvert en partie de hautes herbes, en partie de petits bois qui s'étendaient d'un côté jusqu'aux rochers, et de l'autre jusqu'à la mer. J'aurais bien voulu bâtir une maisonnette avec

des pierres bien maçonnées, mais je n'avais ni
ciment, ni plâtre, ni chaux; il eût fallu creuser
des fondations, et mes mains et mon couteau
étaient mes seuls instruments. Je fus donc forcé
de me contenter d'une hutte de branchages entrelacées, qui devait encore me coûter bien du
temps et du travail. Je choisis quatre arbres
plantés à égale distance au pied d'un roc assez
élevé, qui devait m'abriter du vent du nord; c'é-
taient des colonnes qui devaient soutenir mon
édifice. J'avais tant de zèle pour cette entreprise,
que j'allais m'y mettre sans penser que j'étais à
jeun; mon estomac m'en fit souvenir, et je trouvai
prudent de me fortifier par un peu de nourriture
avant de me mettre à l'ouvrage.

Je cherchai des yeux Castor; je le vis au bord
de la mer, pêchant fort adroitement avec ses
pattes des crabes dont il se régalait; je l'imitai,
et j'en fis une assez bonne provision, mais je
n'étais pas d'avis de les manger sans les faire
cuire; il fallait prendre le temps d'allumer du
feu: en attendant, je dévorai quelques huîtres que
je trouvai sur le sable. Lorsque j'eus déjeuné, je
courus à la place que j'avais choisie pour me
construire une demeure; je cassai une très grande
quantité de branches flexibles que je plaçai en
travers d'un arbre à l'autre; je les attachai fortement au moyen de certaines plantes filandreuses
qui croissaient en abondance dans les fentes des

JE FIS UNE ESPÈCE DE CLOISON A TROIS FACES.
(P. 39.)

rochers. Je fis de cette manière une espèce de
cloison à trois faces, mais elle était tout à jour;
pour la rendre plus serrée, plus solide, j'entre-
laçai d'autres branches dans tous les sens. Je
parvins, à force de travail et de constance, à faire
trois murailles assez fortes, solidement appuyées
sur quatre colonnes; le devant était encore ouvert : il s'agissait de le fermer en partie et d'y
faire une espèce de porte; c'était là le difficile, et
mon imagination ne me fournissant aucun moyen,
je m'assis devant mon ouvrage inachevé et je me
mis à réfléchir; mes réflexions n'aboutissaient à
rien, et je commençais à me décourager; mais le
soleil me brûlant pendant que je m'abandonnais
à mes réflexions, je songeai que je pouvais me
garantir de ses rayons au milieu des murs que je
venais d'élever, je me retirai en me réjouissant
d'être à l'ombre. Castor me suivit et nous nous
reposâmes pendant la grande chaleur du jour.
Vers le soir je pris le chemin du bois de chênes;
j'y fis une bonne provision de glands doux et de
citrons; je trouvai aussi quelques pommes de
terre, et, tranquille sur ma nourriture pour le
jour et le lendemain, je revins au rivage, où la
vue de ma cabane imparfaite me fit encore pousser de profonds soupirs. Un plaisir inattendu
chassa mes tristes idées : mon chien me rejoignit
traînant un animal semblable à celui qu'il avait
déjà tué; c'était un agouti, mais alors j'en igno-

rais le nom; il m'abandonna sa chasse, sachant
bien qu'il en aurait sa part. La bête fut bientôt
dépouillée; mais il me prit envie de la manger
rôtie. Je fis un feu assez ardent; je plantai en
terre deux branches d'arbre qui avaient la forme
de fourche, je passai une baguette bien droite au
milieu du corps de l'agouti, je la posai en travers
sur les deux fourches, et je me mis à tourner la
broche. Des pommes de terre qui cuisaient en
même temps devaient augmenter l'agrément de
ce repas en me tenant lieu de pain. Lorsque mon
rôt fut à moitié cuit, je l'arrosai du jus d'un
citron; celui de la bête qui s'y mêlait tombait
dans ma tasse de calebasse que j'avais placée
dessous, et forma une sauce qui ne me laissa
rien à désirer. Nous soupâmes de grand appétit,
moi et mon camarade. Avant de monter sur mon
arbre pour me livrer au sommeil, je songeai à
préserver le reste de ma viande jusqu'au lendemain; je la mis dans le creux d'un rocher et la
couvris légèrement de quelques feuilles, me flattant que, les nuits étant assez fraîches, grâce au
voisinage de la mer, elle se conserverait aisément. Mon espoir ne fut pas trompé; nous eûmes
de quoi manger le jour suivant sans que je fusse
obligé de faire du feu et de perdre du temps à
chercher notre subsistance.

Je m'occupai donc uniquement d'achever ma
cabane; je cherchai parmi les pierres qui se

trouvaient au bord de la mer; j'en trouvai une
large et plate qui était tranchante d'un côté ;. je
m'en servis pour creuser la terre autour de deux
jeunes arbres que je vins à bout de déraciner. Je
fis ensuite deux trous profonds au devant de ma
maisonnette, à égale distance des deux arbres.
Je me servais alternativement de mes mains, de
mon couteau et de grandes coquilles. Quand
j'eus assez creusé ces trous, j'y plantai les deux
jeunes arbres que je destinais à recevoir et à
soutenir ma porte ; la distance de ces arbres aux
colonnes fut remplie de branches entrelacées, ce
qui forma un quatrième mur, qui ne différait des
trois autres que parce qu'il avait une ouverture.
Je fus fort content de mon ouvrage; je m'assis
pour le contempler et prendre un peu de repos.
J'avais la veille étendu la peau de l'agouti pour
la faire sécher au soleil, espérant en tirer parti ;
je m'aperçus qu'elle se racornissait et ne serait
plus propre à rien. Combien je désirais posséder
quelques clous et un marteau! J'aurais cloué
cette peau en l'étendant de toutes mes forces, et
elle aurait séché sans se rétrécir.

J'entrai dans mon enceinte de feuillage pour
travailler à ma porte, qui me donna beaucoup de
peine ; je formai un carré long de quatre branches
très fortes : le difficile était de les assujettir ; je
n'y réussis qu'après bien des essais, et je fus
obligé d'y sacrifier une partie de ma ficelle dont

j'étais très avare ; je remplis ce cadre de la même
manière que mes murailles, et je l'adaptai à celle
du devant ; je liai cette porte de manière qu'elle
avait du jeu ; lorsque je l'ouvrais, elle retombait
d'elle-même. Il ne me restait plus qu'un toit à
fabriquer ; je voulais le composer de roseaux ; je
passai la soirée à en amasser sur les bords d'un
ruisseau peu distant de mon habitation ; j'en
coupai tout ce que j'en pouvais porter ; je fis cinq
ou six voyages, et, avant de me coucher, j'en
avais un grand tas auprès de ma cabane.

En grimpant sur mon arbre, je me berçais de
l'idée que ce serait la dernière fois que je passe-
rais la nuit si mal à mon aise ; j'espérais achever
mon édifice le lendemain, et j'étais si occupé de
ce qui me restait à faire que je dormis fort peu.
Mon premier projet était de ranger horizonta-
lement des branches appuyées sur mes quatre
murs, et de les couvrir d'une épaisse couche de
roseaux.

Mais je réfléchis que le toit des maisons et des
chaumières d'Europe était en pente pour faciliter
l'écoulement des eaux. « S'il survenaient de grosses pluies, me disais-je, elles pénétreront bientôt
mon toit, s'il est absolument plat. » Heureusement que le rocher contre lequel j'avais adossé
ma cabane était plus élevé que les murs. Ce fut
sur lui que j'appuyai un des côtés de ma char-
pente ; l'autre reposait sur le mur de devant, plus

bas d'environ 50 centimètres. Lorsqu'elle fut solidement établie, je rangeai par-dessus trois couches de roseaux serrés les uns contre les autres, et je me vis enfin possesseur d'une cabane bien close qui devait me garantir de la chaleur pendant le jour, et m'offrirait le moyen de reposer tranquillement la nuit sur un lit de feuilles sèches et de mousse. Ce ne fut qu'après avoir préparé cette couche délicieuse que je songeai à me fortifier par un léger repas. Il ne me restait de mes provisions que des pommes de terre rôties; je voulus y ajouter quelques huîtres; pendant que je les détachais du rocher où elles étaient fortement collées, je vis Castor qui grattait quelque chose de rond qu'il avait trouvé dans le sable et qu'il avalait avidement. Je cherchai dans le même endroit, et je découvris beaucoup de boules blanches enveloppées d'une peau comme un parchemin mouillé, et recouvertes d'une couche de sable; je me doutai que ce pouvait être des œufs de tortue.

J'avais entendu dire aux matelots que c'était un manger excellent; je m'en emparai; j'étais tellement las que je remis au lendemain pour les faire cuire. Cette soirée fut très heureuse pour moi; j'aperçus dans le creux d'un rocher quelque chose de blanc qui excita ma curiosité; j'en portais à ma bouche, et je reconnus avec joie que c'était du sel; je regrettais souvent d'en être privé : les pommes de terre, les œufs et même la viande me paraissaient bien fades sans cet assaisonnement; j'en remplis deux grandes coquilles creuses, et je les portai chez moi avec mes autres provisions. En approchant de ma demeure je sentis un mouvement d'orgueil en pensant que cette jolie cabane était mon ouvrage; je conçus une haute idée de mes talents, et je ne doutai pas que je ne fusse capable d'exécuter tout ce que je voudrais entreprendre. J'appelai mon fidèle camarade, à qui j'avais aussi composé un lit de feuilles; nous nous étendîmes mollement l'un près de l'autre, et je passai la nuit la plus délicieuse, embellie par les plus jolis songes.

Je commençais à ne plus craindre les bêtes farouches; depuis que j'étais dans mon île, je n'en avais point aperçu; aucun cri, aucun hurlement n'avait troublé mon repos. Ma cabane me paraissait donc tout ce que je pouvais désirer; le soleil n'y pénétrait point; je ne désespérais pas de l'orner, et alors je n'aurais pas changé mon logement pour la plus belle maison de mon village natal, tant la propriété donne de prix aux moindres choses.

Les enfants à qui l'on racontera mon histoire s'étonneront peut-être que j'ai pu vivre sans jouer; mais qu'ils pensent à tout ce qui occupait mon esprit, et combien mon temps était précieux; tous les jours s'écoulaient trop vite pour tout ce que j'avais à faire. N'avait-il pas fallu songer à me nourrir et à m'abriter? Le seul plaisir que je me permisse était de me baigner un peu avant le coucher du soleil; après une journée brûlante, rien ne me paraissait plus agréable; je nageais en tout sens, mais sans m'éloigner du rivage. Mon ami Castor veillait sur moi avec une tendre inquiétude, et, lorsque je revenais à terre, il me témoignait sa joie en sautant sur mes épaules et me faisant mille caresses. J'avais soin de m'entretenir dans une grande propreté; je lavais souvent ma chemise, mon pantalon de nankin et mon gilet de coutil. Pour mes bas, il y avait longtemps que les pieds en étaient usés et qu'ils ne pouvaient plus me servir; comme je prévoyais que j'aurais besoin de fil, je les défis et j'en eus une grosse pelote.

Je reviens à mes œufs de tortue, qui me promettaient un repas friand, puisque j'y pouvais ajouter du sel; je les trouvai parfaits; mais ma satisfaction fut bien troublée quand je m'aperçus que l'amadou allait me manquer. Mes occupations des jours précédents m'avaient empêché d'y songer. Qu'allais-je devenir privé des moyens d'avoir du feu? Je serais donc réduit à me nourrir d'huîtres, de glands et d'œufs crus?

Mes bonnes pommes de terre et la chasse de mon chien me deviendraient inutiles, car je ne pourrais me résoudre à manger de la chair crue et ensanglantée. Après avoir bien réfléchi, je conclus que je devais parcourir mon île dans tous les sens; j'espérais découvrir quelques nouvelles productions, des fruits qui n'auraient pas besoin d'être cuits et qui pourraient servir à ma nourriture. Heureusement que j'avais appris, à bord de notre vaisseau, à m'orienter, ce qui me permettrait de me diriger dans mon voyage et de retrouver mon chemin. Je passai cette journée à tout préparer pour mon départ; j'allai déterrer des pommes de terre, et j'en fis cuire autant que j'en pouvais porter. Le lendemain, de grand matin, je partis, accompagné de Castor; je pris ma route vers le nord, et, après avoir marché environ deux heures, je me retrouvai au bord de la même rivière que j'avais passée à la nage, mais sur la rive opposée à celle que j'avais parcourue. Celle-ci était embellie de quantité d'arbres de différentes espèces. Les citronniers y étaient en grande abondance, et je remarquai plusieurs de ces arbres si hauts, à feuilles si larges, et au sommet desquels pendaient ces grosses noix que je n'avais pu briser. L'envie me prit d'y monter pour en faire tomber quelques-unes et faire un nouvel essai. J'y parvins avec beaucoup de peine, et je jetai à terre une douzaine de ces fruits. Lorsque je fus descendu, j'en pris un que j'examinai soigneusement: l'écorce extérieure était composée de filaments comme si elle avait été de chanvre; la

seconde écorce était dure comme du fer ; je ne
doutai pas qu'elle ne renfermât quelque chose de
bon à manger, et je m'avisai d'un expédient pour
la couper en deux. Je commençai par l'assujettir
entre des pierres, je posai mon couteau bien droit
au milieu de la noix, et avec un gros caillou je
frappai dessus de toutes mes forces ; j'eus le
plaisir de voir qu'il entrait dans l'écorce ; je re-
doublai mes coups de manière qu'elle se séparât
par la moitié. Le noyau était une espèce de moelle
qui avait le goût d'amande douce, et dans le milieu, qui était creux, je trouvai un lait d'un goût
excellent. Les deux moitiés de la noix formaient
deux belles tasses, qui devaient m'être fort utiles ; je rompis plusieurs autres noix, et je m'en
rassasiai entièrement. Castor avait gagné un petit
bois voisin ; pour moi je m'endormis sous un
arbre ; je fus éveillé par un bruit qui m'effraya
d'abord, mais je fus bientôt rassuré, c'était un
troupeau de chèvres sauvages qui venaient se
désaltérer à la rivière. La vue de ces animaux
me causa une vive joie ; je formai sur-le-champ le
projet d'en prendre une en vie ; leurs mamelles
pendantes me faisaient espérer un lait abondant,
et je mourais d'envie de m'en régaler. Je me
réjouis de l'absence de mon chien, dont les aboiements auraient effarouché tout le troupeau. Je me
cachai derrière un gros arbre, et, pendant que
les chèvres buvaient avidement et se rafraîchis-

saient dans l'eau, je préparai ma ficelle, je la mis
en trois pour lui donner plus de force, j'y fis un
nœud coulant, et, lorsque ces bêtes sortirent de
la rivière, je guettai celle qui passerait le plus
près de moi. Ces animaux, que personne n'avait
jamais attaqués, étaient sans défiance. Une mère,
près de mettre bas, rasa de fort près l'arbre où
j'étais en sentinelle. Je jetai mon nœud coulant
avec tant de bonheur que ses cornes s'y trouvè-
rent prises; je tirai si fortement la ficelle que la
chèvre tomba par terre, et, pendant qu'elle se re-
levait, je l'attachai au tronc de l'arbre, de manière qu'il lui fût impossible de se débarrasser
de ses liens. La pauvre bête se débattait et tâchait
de me frapper de ses pieds et de ses cornes, mais
j'avais soin de m'en tenir éloigné. Ses bêlements
plaintifs me faisaient pitié; mais je m'en promettais tant d'utilité que je ne fus pas tenté de lui
rendre la liberté.

Tout le troupeau épouvanté avait pris la fuite;
je restai seul avec ma prise : je résolus de renoncer pour ce jour-là à mon voyage de découvertes,
et de reprendre avec la chèvre le chemin de ma
cabane pour l'y mettre en sûreté. Je dînai en
hâte avec mes pommes de terre rôties, et sitôt,
que Castor m'eut rejoint, je détachai la ficelle de
l'arbre, et la passant autour de mon bras gauche,
je pris dans la main droite une grosse branche
dont je frappai ma chèvre en la tirant du côté de

ma demeure. Je n'aurais jamais pu l'y conduire sans le secours de mon chien ; elle résistait de toutes ses forces ; mais les aboiements de Castor l'effrayaient, il la suivait à la piste et lui mordait les jambes quand elle refusait d'avancer. Nous gagnâmes la cabane avant la nuit ; j'attachai de nouveau ma prisonnière à un gros arbre planté dans un endroit sablonneux où l'on ne voyait pas un brin d'herbe. J'avais entendu dire que l'on domptait par la faim toute espèce d'animal ; je décidai de laisser celui-ci sans nourriture jusqu'au lendemain, quoiqu'il m'en coûtât de faire jeûner ma nouvelle hôtesse, que je chérissais déjà et dont j'espérais me faire aimer. Quand je fus tranquille sur son compte, j'entrai chez moi avec mon compagnon, et je me couchai sur mon lit de feuilles, bien content de ma journée.

Le lendemain, au point du jour, je m'occupai à ramasser de l'herbe fraîche pour le déjeuner de ma chèvre ; je passai près d'elle ; la pauvre bête était couchée sur le sable et paraissait fort abattue. Elle tourna vers moi des yeux languissants ; je me hâtai de faire ma provision de fourrage ; je lui présentai les herbes que je venais de cueillir ; elle les mangea avec avidité, et se laissa caresser sans résistance. J'étais enchanté d'avoir une nouvelle compagne, et c'était alors pour le seul plaisir de sa société ; car, étant près de faire ses petits, elle n'avait point de lait.

IV

L'augmentation de ma famille changeait tous
mes projets. Je ne pouvais penser à m'éloigner
de ma demeure que je n'eusse mis en sûreté non-
seulement la chèvre, mais tout le troupeau dont
je croyais déjà être possesseur. Je voulais construire un parc auprès de ma cabane ; après bien
des reflexions, voici comment je m'y pris. Je dé-
plantai un grand nombre de jeunes arbres, et
j'enlevai avec eux une partie de la terre qui environnait leurs racines ; je fis dans un espace carré
des trous fort près les uns des autres ; j'y plantai
mes jeunes arbres, et au pied de chacun d'eux,
je mis en terre des plantes grimpantes très com-
munes dans cet endroit. Mes tasses de coco, car
je sais à présent que c'est le nom de ce fruit précieux, me furent très utiles pour puiser de l'eau
dont j'arrosai ma plantation, non sans de grandes
fatigues, n'ayant que de si petits vases, je faisais
chaque jour plus de trente fois le chemin jusqu'au
plus prochain ruisseau. Rien n'était capable de
me rebuter ; je travaillais avec un courage infati-
gable, et je craignais tellement de perdre un moment, que je vivais avec la plus grande sobriété.
Des huîtres, des glands et quelques noix de coco
étaient ma seule nourriture, parce qu'elle ne demandait pas d'apprêt. Pendant ce temps, ma chè-

vre, toujours attachée, commençait à s'apprivoi-
ser. J'avais soin de l'approvisionner de grand
matin pour toute la journée; le soir je la conduisais au bord du ruisseau, où elle se désaltérait.
Elle avait lié amitié avec Castor; quand elle était
couchée, il jouait entre ses cornes. La bonne intelligence de ces animaux me réjouissait, comme
celle qui règne entre les frères et charme le père
de famille.

Un matin que je sortais de ma cabane, je fus
agréablement surpris à la vue de deux petits chevreaux couchés près de ma chèvre et attachés à
ses mamelles. Je m'approchai, le cœur palpitant
de joie; je caressai les nouveaux-nés; la mère
ne s'y opposa point, et me regarda d'un air satisfait. Je courus aux champs, et n'épargnai point
ma peine pour approvisionner la mère et ses
nourrissons. Lorsque je fus de retour, ces derniers dormaient paisiblement. Je fus tenté de
presser le pis de ma chèvre et d'avaler une bonne
tasse de lait chaud; je me reprochai bientôt cette
idée de gourmandise. « Non, dis-je, je ne priverai
pas ces innocents animaux de la nourriture que
la nature leur a préparée; j'attendrai, pour me
satisfaire, qu'ils puissent brouter l'herbe comme
leur mère. » J'observai ensuite que ma chèvre,
toujours liée au tronc de son arbre, devait se
trouver mal à son aise pour allaiter ses petits.
L'enceinte de mon parc était presque achevée;

les arbrisseaux et les plantes avaient déjà pris
racine ; les uns et les autres poussaient des feuilles nouvelles, et devaient s'entrelacer en crois-
sant. Je n'y avais laissé qu'une petite ouverture
pour donner passage à moi et à mon troupeau ;
je l'y conduisis, persuadé que la chèvre, entourée
de ses petits et pourvue de tout ce qui lui était
nécessaire, s'attacherait à sa nouvelle demeure et
à moi-même. Je me proposais d'ailleurs de lui
ôter les moyens de me quitter si la fantaisie lui
en prenait ; je ramassai une quantité de branches
desséchées d'arbustes épineux, je les plaçai en
dedans du parc le long de la haie, pour mieux
retenir la chèvre et l'empêcher d'approcher de la
jeune haie, qu'elle n'eût pas manqué de ronger,
et dont, après tout, elle se serait moquée. Lorsque
je l'eus fait entrer dans le parc avec ses petits, je
la débarrassai entièrement de ses liens ; elle m'en
témoigna sa joie par mille gambades ; puis elle
s'établit sur une bonne litière de feuilles sèches,
et les jeunes chevreaux recommencèrent à téter.

Je sortis alors de l'enceinte, dont je fermai l'entrée avec des branchages et des pierres, et j'allai
me remettre au travail, le cœur content. Je continuai de chercher, au milieu des plantes diverses
qui croissaient dans les fentes des rochers ou à
leur pied, celles qui me paraissaient propres à
grimper le long de mes jeunes arbres et à rendre
ma haie plus fourrée. Ce jour-là j'en découvris

une nouvelle d'une espèce fort singulière, et que
j'ai su depuis s'appeler *karatas*. Ses feuilles,
grandes et épaisses, étaient creusées au milieu
en forme de coupe, et paraissaient composées
d'un tissu dont il me parut que je pourrais tirer
du fil très fort; la tige était droite et son sommet
portait, au milieu d'une touffe de feuilles, quantité de belles fleurs rouges. Je transplantai quelques-uns de ces jolis arbrissseaux qui me servi-
rent à fortifier les murs de mon parc; mais j'étais
loin d'imaginer à quel point ils me deviendraient
utiles. Un grand appétit m'obligea d'interrompre
mon travail, j'allai vers le rivage pour y chercher
des huîtres; je trouvai Castor qui s'occupait avec
ardeur à déterrer les œufs de tortue, et qui n'en
mettait pas moins à les avaler. Je me mis de la
partie; j'en emportai plusieurs, et me disposai à les
faire cuire; mais, ô douleur! je vis que j'allais employer le reste de mon amadou, et que désormais
je serais contraint de me passer de feu. J'étais
vraiment consterné; je regardais tristement mon
briquet et mes pierres à fusil, et l'impossibilité
d'en faire usage à l'avenir me désolait. Mon repas
ne fut pas gai, et mon ouvrage, le reste du jour,
se ressentit du découragement où j'étais tombé.
Quand la nuit fut venue, l'inquiétude écarta de
moi le sommeil, et je restai livré à de tristes réflexions. « Qu'est-ce donc, me disais-je, que la
vie d'un homme, puisque celle d'un enfant est

mêlée à tant de peine ? » Je repassai alors dans
mon esprit mon naufrage, l'abandon où je me
voyais, le peu de force et de moyens dont j'étais
pourvu, et je me trouvai extrêmement misérable.
Qu'allais-je devenir, n'ayant plus de feu ? « Si du
moins j'avais, disais-je en souriant, une hache,
une scie, un marteau et des clous, je pourrais, à
l'aide de ces outils, exécuter bien des choses
que j'ai en projet, et que je ne puis entreprendre
avec mes seules mains. Si un seul de mes camarades eût été sauvé ainsi que moi, quel plaisir
j'aurais goûté dans sa compagnie! Nous nous
serions aidés, consolés mutuellement ; nous nous
serions aimés, et je n'ai pas ici une créature semblable à moi qui me chérisse et à laquelle je
puisse m'attacher.» Cependant je réfléchis que
j'avais encore bien des sujets de consolation dans
mon malheur; j'aurais pu aborder une terre
peuplée d'animaux féroces qui m'eussent dévoré,
ou un lieu si aride que j'y aurais péri ou de faim
ou de soif. Je fus calmé par ces réflexions, et mon
sang rafraîchi me permit, avant le jour, de goûter
quelques heures de sommeil.

Mon enclos fut achevé le lendemain, et je repris
mon projet de voyage. Je pouvais sans inquiétude
m'éloigner pour quelques jours de mes chers animaux. Outre une provision de fourrage que je
leur laissais, ma chèvre pouvait brouter les pous-
ses des jeunes arbres qui formaient la haie de

son parc. Quand elle eût pu manger toutes celles
du dedans de l'enceinte, celles du dehors lui
conservaient assez d'épaisseur.

Je ne me chargeai cette fois que d'huîtres et de
glands, les pommes de terre me devenant inutiles.
Je partis avec mon chien avant le lever du soleil,
et je pris le même chemin que la première fois.
Arrivé au bord de la rivière et sous les beaux
cocotiers, j'y montai lestement et je me pro-
curai un excellent déjeuner. Je côtoyai ensuite la
rivière, marchant toujours vers le nord. J'aperçus
à quelque distance un petit bocage qui me parut
charmant; mais, pour m'y rendre, il fallait traverser un grand terrain couvert de roseaux qui
étaient couchés pêle-mêle et gênaient beaucoup
ma marche. Castor allait devant moi et me frayait
le chemin; je le suivais lentement. Pour me soutenir dans cette route difficile, je coupai une
grosse canne de roseau; en m'appuyant dessus,
je sentis ma main toute mouillée d'un jus gluti-
neux qui en sortait; je fus curieux d'en goûter et
je reconnus, avec autant de surprise que de joie,
que c'était du sucre. J'avais appris à bord que ce
sont des cannes qui le produisent; je ne doutai
pas que je n'eusse trouvé cette plante précieuse.
J'en mangeai beaucoup, et je me sentis rafraîchi
et fortifié par cet excellent jus. Je coupai une
douzaine de ces cannes, et, marchant avec un
nouveau courage, je gagnai le petit bois, qui était

presque tout composé de citronniers, et je résolus
de me faire de la limonade. La façon n'en fut pas
difficile ; j'exprimai dans une tasse de coco les
jus réunis de quelques citrons et d'une canne à
sucre, et j'obtins une boisson aussi agréable que
saine. Le soleil étant alors dans toute sa force,
je me couchai sur le gazon et m'endormis profondément. A mon réveil, un vent rafraîchissant
se faisait sentir, et m'invitait à continuer mon
voyage. Avant de sortir du bois, je fis une découverte qui me fut très agréable, c'étaient des arbres qui ont beaucoup de rapport avec nos acacias ; ils portent de belles fleurs, et sont couverts
de fortes épines qui croissent trois par trois ; elles
sont si pointues qu'on pourrait en faire une arme
dangereuse. Je vis d'un coup d'œil le parti que
j'en pouvais tirer ; je pensai qu'en les faisant sécher au soleil elles deviendraient si dures qu'elles
pourraient me tenir lieu de clous. J'en coupai un
assez grand nombre ; je les liai avec de la ficelle,
et les mis sur mon épaule au bout d'un bâton.

A la sortie du bois je trouvai un champ couvert de riz ; cette vue me réjouit d'abord, mais je
me rappelai bientôt que la privation du feu m'em-
pêcherait d'en faire usage ; je n'y vis alors d'utile
que la paille. Je ne désespérai pas de pouvoir la
tresser, et de me faire un chapeau, dont j'avais
grand besoin pour me défendre de l'ardeur du
soleil. Je montai ensuite sur une petite éminence,

d'où je découvris encore une autre partie de la côte, dont l'aspect me parut si différent de celle que j'avais vue, que je résolus de l'examiner de près. Je crus pouvoir m'y rendre dans la journée du lendemain. Je descendis dans la plaine, et, après avoir soupé avec des noix de coco et des glands, et bu une tasse de limonade, je m'arrangeai sur un arbre pour y passer la nuit. Mon compagnon de voyage était moins embarrassé que moi pour sa nourriture. Il découvrait souvent dans les hautes herbes les nids de différents oiseaux, dont il croquait les petits. Il m'apportait souvent une partie de sa chasse, ce qui ne servait qu'à renouveler mes regrets.

La journée suivante fut fort pénible. Je ne pris guère le temps de me reposer; mais je cueillis, chemin faisant, de nouvelles cannes à sucre, et je trouvai une place semée de grosses fraises du Chili, qui me rafraîchirent beaucoup. Le vent, qui venait du côté de la mer, tempérait la chaleur, et cette heureuse circonstance me permit d'atteindre mon but avant la nuit. J'étais extrêmement fatigué, et je n'eus d'autre idée, en arrivant, que de chercher le repos dont j'avais besoin.

Je me levai de bonne heure pour faire mes observations.

La côte, en cet endroit, était toute hérissée de rochers de formes les plus variées et les plus

singulières. Quelques-uns étaient faits comme
des baignoires; l'eau y arrivait à la marée montante, et l'on pouvait y prendre un bain le plus
commodément du monde. Il s'y trouvait du sel en
abondance. Le sable était couvert de coquillage
de toute espèce. Parmi un grand nombre d'huîtres et de moules, je reconnus des coquilles de
Saint-Jacques, dont j'aurais fait un bon repas si
j'avais pu les faire cuire.

Je visitai la chaîne de rochers qui bordaient la
côte; j'en découvris un qui offrait une ouverture
comme celle d'une caverne; mais elle était com-
plétement bouchée par des plantes épineuses,
qui en rendaient l'accès impossible. Mon couteau
n'était pas assez fort pour couper ces épaisses
broussailles, et, après m'être mis les mains tout
en sang, je fus forcé d'y renoncer. Ce ne fut pas
sans un violent chagrin; je venais de penser,
pour la première fois depuis mon naufrage, que
la belle saison où je me trouvais ne durerait pas
toujours, que l'hiver lui succèderait, et que ma
jolie cabane, dont j'étais si glorieux, ne résiste-
rait pas aux grandes pluies, et pourrait être ren-
versée par un coup de vent. Il était donc essentiel
de me ménager un abri plus sûr et en état de
résister aux tempêtes; je ne voyais rien de mieux
que d'habiter le creux d'un rocher; je croyais en
avoir trouvé un qui pouvait me servir de retraite,
mais des obstacles insurmontables m'en défen-

daient l'entrée. « Si j'avais au moins une hache, me disais-je, je couperais toutes ces ronces, quand je devrais y passer huit jours. Si j'avais encore de l'amadou, je pourrais y mettre le feu; il ne brûlerait que ces fatales plantes, et ne consumerait pas la pierre. Mais tous les moyens me manquent; je suis destiné à périr par le froid ou par les eaux. » Cependant, reprenant peu à peu courage, je marchai le long du rivage, en avalant de temps en temps des huîtres ou des moules. Ma surprise fut extrême en découvrant un grand coffre d'un bois fort dur, à moitié enterré dans le sable. Je pensais qu'il venait du vaisseau qui devait s'être brisé de ce côté, et l'espoir d'y retrouver quelque chose qui pourrait m'être utile me fit employer tous mes efforts à l'ouvrir. Il fallait profiter du moment où la mer descendait, car dans le flux le coffre était couvert d'eau, et c'est ce qui y avait amoncelé tant de sable. Je l'en débarrassai avec beaucoup de peine, et je parvins à découvrir la serrure. Elle était si forte qu'il n'était pas possible de la briser; si j'avais pu couper le bois tout autour, je l'aurais fait sauter, mais je l'essayai vainement, et cette inutile tentative me coûta cher; je cassai mon couteau! C'était pour moi une perte bien sensible; je ne voyais plus aucun moyen de rompre les noix de coco, qui étaient devenues ma principale nourriture. Je me reprochai cet accident, parce que j'aurais dû réfléchir que quand j'aurais réussi à briser la serrure, mes forces ne m'eussent jamais permis de lever le couvercle du coffre.

Tant de mauvais succès m'avaient plongé dans la tristesse. J'avais d'autant plus de regret de ne pouvoir former un établissement dans cette partie de l'île, que c'était celle où j'aurais trouvé le plus de ressources réunies. Les coquillages abondaient sur la côte; les patates croissaient derrière les rochers; des bouquets de bois semés çà et là m'offraient le coco, le citron, la figue des Indes et plusieurs autres fruits dont j'ignorais le nom, mais dont le goût me semblait délicieux. Des ruisseaux coulaient de tous côtés; le saule et l'osier croissaient sur leurs rives; les chèvres sauvages y venaient boire par troupes, et j'avais eu l'espoir d'en prendre encore quelques-unes. Il fallait renoncer à tous ces avantages, puisque je ne pouvais me construire une demeure plus sûre que celle que j'avais déjà. Je me décidai à y retourner, espérant distraire mon chagrin par la vue de mes propriétés, et surtout de mon petit troupeau. Je ne retrouvai pas facilement mon chemin, ou j'en pris un autre beaucoup plus long; je passai plusieurs nuits à la belle étoile, et n'arrivai chez moi que le quatorzième jour après mon départ.

Je retrouvai ma cabane et mon enclos dans le meilleur état, et mes chères petites bêtes en très

bonne santé. Les chevreaux paissaient l'herbe
qui tapissait le parc, et pouvaient déjà se suspen-
dre aux branches des jeunes arbres. Les voyant
en état de pourvoir à leur subsistance, je ne balançai pas à traire la chèvre, et je remplis de son
lait une de mes tasses de coco; je le bus avec
délices, après y avoir exprimé le jus d'une canne
à sucre. Ce breuvage rétablit mes forces, que
mon pénible voyage avait épuisées. Je voulus
donner le reste de la journée au repos. Je fis
sortir du parc la chèvre et ses petits; j'attachai
la mère à un arbre, par une longue ficelle qui lui
permettait de s'écarter à une certaine distance.
J'aurais même pu me dispenser de cette précaution; elle était toute apprivoisée, reconnaissait
ma voix, et m'aurait suivi comme un chien. Les
petits chevreaux bondissaient autour de leur
mère. Je m'assis pour jouir de ce spectacle inté-
ressant. Je contemplai ensuite ma maisonnette,
qui faisait un effet charmant surtout aux yeux de
l'architecte. Le parc placé au-devant l'embellis-
sait encore. Le feuillage des jeunes arbres était
devenu très épais; les plantes grasses ou épineuses dont j'avais rempli les intervalles avaient
grimpé le long des tiges; elles étaient couvertes
de fleurs de couleurs si variées qu'il me semblait
être au milieu d'un parterre. Je remarquai surtout celle dont j'ai parlé, et dont le rouge éclatant
effaçait toutes les autres. Je pris une tige de cet

arbrisseau pour l'examiner de plus près ; j'en ôtai
l'écorce, j'en tirai un morceau de moelle sèche et
spongieuse ; machinalement, je dépouillai ainsi
plusieurs branches, et je fis un petit tas de cette
moelle, sans aucune idée qu'elle pût m'être utile.
Le malheur d'être privé de feu me revint à l'esprit et me fit pousser bien des soupirs ; je tirai
de ma poche mon briquet, je frappai sur la pierre
et fis jaillir les étincelles seulement pour passer
le temps. O surprise ! il en tombe quelques-unes
sur la moelle de la plante à fleurs rouges, elle
s'allume aussitôt ; je me vois pourvu d'un excellent amadou et en possession du plus précieux
trésor. La joie dont je fus saisi me fit faire des
extravagances ; j'appelai Castor ; je le baisai, le
serrai contre ma poitrine, comme pour la lui faire
partager ; le bon animal me rendait mes caresses sans en connaître le motif. Je me mis ensuite
à courir et à sauter comme si j'avais perdu l'esprit. La nuit étant venue, je fis rentrer mes bêtes
dans le parc, et je me retirai avec mon chien dans
ma cabane, où je retrouvai avec un grand plaisir
mon excellent lit de feuilles sèches.

V

Le lendemain, à mon réveil, j'avais tant de
choses à faire que je ne savais par où commencer.
Je me mis d'abord à traire ma chèvre, et je par-

tageai son lait avec mon bon Castor. De là, j'allai
sur le rivage à la recherche des œufs de tortue.
Je jeûnais depuis longtemps, et j'avais envie de
me dédommager! j'en trouvai une demi-douzaine.
J'avais encore des pommes de terre dans ma
cabane; j'allumai un bon feu et je les fis rôtir; je
mis aussi les œufs dans les cendres, et me préparai un dîner fortifiant. J'étais cependant moins
occupé de ce que je faisais que du projet de retourner bientôt au lieu où je voulais établir ma
demeure pour l'hiver. Au moyen du feu, j'espérais me frayer un passage pour entrer dans la
caverne. Le coffre que j'avais trouvé m'occupait
aussi beaucoup; je me creusais la tête pour imaginer comment je pourrais l'ouvrir; je voulais
deviner ce qu'il pouvait contenir, et je me perdais dans mes conjectures. « Si c'étaient des
habits, me disais-je, ils viendraient bien à propos;
bientôt les miens vont tomber en lambeau, et si
je suis nu je ne pourrai supporter l'ardeur du
soleil. Si j'y trouvais des armes, je pourrais tuer
des oiseaux, et beaucoup de ces espèces de lièvres
qui m'ont déjà fourni d'aussi bons rôtis; je suis
toujours bien sûr qu'il y a dans ce coffre des
choses qui me seraient fort utiles; n'est-il pas
malheureux que je ne puisse m'en rendre maître?»

Pendant que mon dîner cuisait, je m'occupai à
nettoyer le parc; je mis mon petit troupeau en
liberté de paître aux environs; il n'en abusa pas,

et ne s'écarta point de ma demeure ; j'ôtai la
vieille litière, et j'en mis de la fraîche ; je fis une
nouvelle provision de fourrage pour l'absence
que je méditais : enfin j'eus soin de pourvoir mon
bétail de tout ce qui pouvait lui être nécessaire.

Je quittai une troisième fois ma demeure, mais
sans prendre beaucoup de précaution pour ma
subsistance. Avec mon briquet et une bonne provision de la précieuse moelle qui me tenait lieu
d'amadou, j'étais sûr de ne pas manquer de
vivres ; je marchais légèrement, n'étant point
chargé, et le désir d'arriver me donnait des ailes.
Je ne trouvai rien de nouveau sur une route que
j'avais déjà parcourue, et d'ailleurs je ne pris le
temps de faire aucune observation. J'atteignis, le
quatrième jour, le lieu désiré ; il était assez
matin ; aussi je ne voulus point remettre l'exécution de mon dessein. Je fis du feu ; j'y mis rôtir
des pommes de terre que j'avais recueillies chemin faisant ; et, quand le bois fut bien embrasé,
je saisis un brandon allumé et je courus au
rocher. Je l'introduisis au milieu des racines et
des broussailles qui en fermaient l'ouverture ; la
flamme se communiqua rapidement de l'une à
l'autre, et produisit une fumée si épaisse que je
ne pouvais plus distinguer la caverne. Le feu dé-
vora en moins d'une heure tout ce qui était au
dehors ; de là il gagna l'intérieur, où il consuma
tout ce qui était propre à lui servir d'aliment ;

puis il parut s'être éteint. La fumée diminua peu
à peu et me laissa apercevoir une ouverture dont
la hauteur surpassait de bien peu la mienne,
mais qui avait la largeur ordinaire d'une porte.
J'allais y entrer avec ma vivacité ordinaire, mais
de nouveaux tourbillons de fumée noire et infecte
en sortirent tout à coup et pensèrent me suffo-
quer. Je m'éloignai promptement, et j'allai m'asseoir à quelque distance pour réfléchir sur ce que
j'avais à faire. Je compris que le feu que j'avais
cru éteint brûlait encore sous la cendre, et
qu'il y couverait peut-être plus d'un jour. Je vis la
nécessité de modérer mon impatience, et, pour
m'en distraire, je me rendis près du coffre, second objet de mes désirs et de mes inquiétudes.
La marée était basse, il était à sec. Je le considérai de nouveau de tous les côtés, et, voyant
toujours la même impossibilité de l'ouvrir ou de
le rompre, je tombai dans une profonde rêverie.
Tout à coup il me vint en pensée d'y mettre le
feu. « Quelque chose qu'il renferme, me disais-
je, je puis espérer d'en sauver une partie ; quand
le feu en aura consumé un bout, je ferai tous mes
efforts pour l'éteindre : il ne peut brûler vite,
puisqu'il est tous les jours couvert de l'eau de la
mer. Le feu éteint, je m'emparerai de ce qui ne
sera pas endommagé ; au lieu que si je ne prends
pas ce parti, je ne jouirai jamais de ce qu'il contient. » Cette fois je n'eus pas à me reprocher

d'agir avec trop de précipitation; ce fut après avoir longtemps réfléchi que je me déterminai à employer ce moyen. J'eus encore la patience d'attendre le flux, parce que je songeai que la mer montante gagnerait le coffre et m'aiderait puissamment à arrêter les progrès du feu. Le moment arrivé, je portai près du coffre plusieurs branches enflammées; je considérai, le cœur palpitant, le feu qui gagnait le bois, le noircissait d'abord, et commençait à le brûler. Comme je l'avais prévu, ce ne fut que très lentement. Debout, vis-à-vis, j'observai ses progrès, partagé entre la crainte et l'espérance. Enfin, un bout du coffre ayant été consumé sans produire de flamme, je crus qu'il était à propos d'arrêter le feu. Je n'avais, pour puiser de l'eau, que mes tasses de coco; ce moyen eût donc été trop long; je m'avisai de prendre du sable mouillé, d'en jeter sur le coffre et d'en faire un monceau devant l'endroit où il brûlait. En même temps, la mer le gagnait, et, par intervalles, les vagues le couvraient entièrement. Il est facile de concevoir combien cette circonstance facilitait mon travail. Je parvins à éteindre entièrement le feu, qui avait fait une ouverture assez grande pour que j'y pusse entrer facilement. Mais ce jour était destiné à exercer ma patience : il fallut attendre le reflux et enlever le sable mouillé dont j'avais bouché le trou pour étouffer le feu avant de connaître le fruit que je retirerais de mes peines.

JE CONSIDÉRAI, LE CŒUR PALPITANT, LE FEU...
(P. 66.)

Forcé de rester oisif, je songeai que j'avais faim : l'occupation de mon esprit me l'avait fait oublier. J'allai déterrer mes patates : mais je les avais laissées trop longtemps sous les cendres, elles étaient réduites en charbon. Quel remède à cet accident ? Je n'avais plus la stupidité de verser des larmes inutiles quand j'étais contrarié. Je m'approchai du rivage, et la vue de beaucoup de coquilles de Saint-Jacques me réjouit infiniment. Depuis longtemps je désirais en manger : je les mis d'abord sur la cendre chaude pour les faire ouvrir : je les débarrassai du sable qui s'y trouvait; puis, dans la coquille la plus creuse, je mis du jus de citron. Je les fis cuire à petit feu, et je fis un dîner excellent. Après ce repas, je fis le tour des rochers, pour récolter au delà des pommes de terre pour les jours suivants. Je n'en pouvais recueillir que peu à la fois, n'ayant pour les emporter que mes poches et mon mouchoir : aussi avais-je résolu de fabriquer un panier d'osier. J'avais souvent vu travailler un vannier, notre voisin, et je me flattais de pouvoir imiter son ouvrage, au moins pour ce qui m'était nécessaire.

Je dormis peu cette nuit, tant j'étais occupé des grands événements du lendemain.

Le creux du rocher serait-il assez grand pour que je puisse m'y loger ? Ne serait-il pas si obscur que je ne pourrais y rien faire ? Que trouverais-je

dans le coffre? L'eau n'avait-elle point gâté ce
qu'il contenait?

Voilà les questions que je me faisais, et qui me
tinrent longtemps éveillé. Dès que le jour parut,
je descendis de l'arbre où j'étais perché; j'allai
d'abord au coffre, et je commençai à le débarrasser du sable qui en bouchait l'ouverture. Mon
chien m'aida dans ce travail en grattant avec ses
pattes. Ce fidèle animal avait tant d'instinct, qu'il
comprenait tout ce que je voulais lui faire entendre, et tant de docilité qu'il m'obéissait au moindre signe.

Dès que cela me fut possible, j'allongeai le bras
dans le coffre et j'en tirai une petite hache; rien
ne pouvait me faire plus de plaisir; mon couteau
se trouvait remplacé d'une manière avantageuse;
je pouvais facilement couper du bois et entreprendre différents ouvrages. Je cherchai avec une
nouvelle ardeur, et ma joie s'augmenta en voyant
une scie, deux marteaux et un sac plein de clous
de toutes grandeurs. En retirant avec peine ces
objets précieux, je fis assez de place pour pouvoir y entrer. J'en sortis d'autres scies, d'autres
haches grandes et petites, des tenailles, des vrilles
et quantité d'autres outils dont je ne savais ni le
nom et l'usage. Quelques-uns étaient si grands et
si lourds, qu'ils surpassaient mes forces et que je
fus contraint de les laisser à leur place. Le feu
avait brûlé le bois de quelques scies et le manche

de quelques haches, mais il en restait d'entières plus qu'il ne m'était nécessaire. Derrière les grands objets que je ne pouvais déplacer, il y avait encore d'autres choses que j'aurais bien voulu m'approprier; mais, possédant déjà toutes sortes d'instruments, je ne désespérais pas de pouvoir briser le coffre, et de me rendre maître de ce qui y restait.

Un avare qui vient de trouver un trésor n'est pas plus satisfait que je ne l'étais en contemplant mes nouvelles richesses : c'était le coffre où le charpentier serrait ses outils, que les flots avaient apporté sur le rivage de mon île, et c'était au moment où ils m'étaient le plus nécessaires que je m'en voyais pourvu.

Je portai près de la caverne tout ce que j'avais tiré du coffre, espérant en pouvoir faire usage dès le jour suivant. Castor me surprit agréablement en m'apportant un agouti plus grand que ceux qu'il avait déjà tués. Je destinai sa peau à me faire des semelles ou espèces de sandales; mes souliers étaient si usés, que mes pieds étaient déchirés par les épines ou meurtris par les cailloux. Je dépouillai l'animal le plus proprement possible, et je clouai sa peau sur le tronc d'un arbre, afin qu'elle ne se retirât pas. Je mis ensuite la bête à la broche, et je laisse à penser si nous fîmes un bon repas, moi et mon camarade. Je recueillis la graisse de l'agouti et j'en frottai la

4

peau à plusieurs reprises pour l'amollir et la rendre plus douce.

J'allais souvent visiter l'ouverture du rocher; il n'en sortait plus de fumée, et je ne doutai pas que je ne pusse y entrer le lendemain. Au point du jour je m'armai d'une hache, et je m'introduisis hardiment dans la caverne, avec la seule précaution de me faire précéder par mon chien, dont les aboiements m'auraient averti s'il y eût eu quelque danger. Nous marchâmes d'abord sur un tas de cendres, mais elles étaient froides, ce qui me prouva que le feu était éteint depuis longtemps. J'allai d'abord à ma droite et puis à ma gauche, jusqu'aux parois de la grotte, pour juger à peu près de sa largeur; je comptai vingt-deux de mes pas de l'une à l'autre. Il me restait à m'assurer de la profondeur de la caverne; pour cela je marchai droit devant moi; tant que je fus près de l'ouverture, j'avais assez de clarté pour me conduire; mais à mesure que j'avançais, elle diminuait sensiblement; je me trouvai enfin dans une entière obscurité. Après avoir compté cinquante pas, je fus arrêté par une muraille de roc, et je reconnus que la grotte se terminait en cet endroit. Je la trouvai suffisamment spacieuse et très propre à me servir d'asile; mais quelle triste demeure que celle où le jour ne pénètre jamais! Comment travailler en dedans de cette enceinte ténébreuse? Je voulais cependant l'embellir et la meubler; ma tête était pleine de projets, et cette terrible obscurité m'empêchait de les exécuter.

Je ne me rebutais plus facilement; je résolus d'habiter provisoirement l'entrée de la caverne, qui se trouvait un peu éclairée, d'y passer au moins la nuit, et d'y serrer mes outils et mes provisions; et je ne désespérais pas de trouver le moyen de faire entrer un peu de jour dans l'intérieur. Pendant huit jours entiers je fis des essais inutiles; je grimpais sur le rocher en dehors; je cherchais des endroits où il y avait des fentes, j'y faisais entrer des coins, que j'enfonçais à grands coups de marteau. Quand j'étais venu à bout de faire sauter un éclat de pierre, je croyais que j'allais pratiquer un trou qui donnerait passage à la lumière. Toujours trompé dans mon espoir, excédé de fatigue et désolé de ce mauvais succès, j'allais abandonner mon entreprise, lorsque j'observai un enfoncement dans lequel il avait crû une touffe de plantes qui paraissaient mieux nourries que celles qui poussaient sur le roc; j'en conclus qu'il y avait plus de terre dans cet endroit que dans les autres, et qu'il serait peut-être plus facile à percer. J'arrachai d'abord toutes les herbes, puis je grattai la terre avec des coquilles, des pierres tranchantes et ma hache. Je ne trouvais point le roc, ce qui augmentait mes espérances; je jetais de côté la terre et les cailloux que j'ôtais de ce trou. Je me croyais encore loin

de réussir, lorsqu'il se forma une ouverture, et la
coquille dont je me servais tomba au fond de la
caverne. Je fus saisi d'une telle joie que je restai
d'abord immobile ; mon ardeur se ranima bientôt;
je continuai à gratter, à déblayer, et je parvins à
faire un trou d'environ un pied carré. Content de
mon travail, je songeai à prendre du repos et à
me fortifier par quelque nourriture. Quand j'étais
occupé d'un ouvrage important, j'en oubliais le
boire et le manger. Cette fois encore, avant de
préparer mon repas, je voulus entrer dans ma
grotte; je vis, avec un extrême plaisir, que l'espèce de fenêtre que j'y avais pratiquée y répandait
assez de jour pour distinguer tous les objets.
Castor paraissait partager ma joie, il sautait autour de moi, comme s'il eût voulu me féliciter.

J'avais lieu d'être satisfait de ma nouvelle demeure, le sol en était uni, couvert d'un sable
blanc très fin, et sans aucune humidité. Les parois étaient brillantes, et les pierres qui les composaient semblaient saupoudrées de parcelles
d'or et d'argent. La voûte, très élevée en certains
endroits, était plus basse en d'autres; dans le
fond de la grotte, l'espace se rétrécissait et formait une espèce de cabinet. C'était le seul endroit qui ne fût point éclairé; je le destinai à renfermer mes provisions d'hiver, car je pensais que
dans cette saison je ne trouverais plus de fruits
ni de patates, et que je ferais prudemment de

m'en pourvoir d'avance. Je voulais aussi loger mes chèvres dans une autre partie de la caverne pendant la mauvaise saison, pour les préserver de tout accident.

Mille idées différentes occupaient mon esprit, où il n'y avait que confusion. Je me voyais tant d'ouvrage sur les bras, qu'il me semblait que je n'y pourrais suffire ; j'aurais voulu tout faire à la fois, et la pétulance de mon caractère était telle qu'il me fallut bien des réflexions pour me déterminer à n'entreprendre qu'une chose après l'autre. Avant de commencer mes grands travaux, je jugeai à propos de faire un voyage à ma cabane et d'en ramener mon troupeau, pour lequel j'avais toujours de l'inquiétude quand j'en étais éloigné. Je craignais qu'il ne manquât de fourrage, et que, les chevreaux ayant absolument cessé de téter, la mère n'eût perdu son lait, ce qui me priverait d'une grande ressource pour l'hiver. Je me couchai ce soir-là dans l'intention de partir le lendemain. Depuis que la grotte était éclairée, j'avais placé ma couche plus loin de l'ouverture, dans un enfoncement du rocher qui formait une espèce d'alcôve. Ce fut un grand bonheur pour moi ; je fus éveillé par les éclats du tonnerre ; je me levai sur mon séant, et j'admirai l'effet des éclairs sur mes brillantes murailles, qui semblaient étinceler de mille feux. Le bruit de la foudre, répété par les échos de tous les rochers,

avait quelque chose de si majestueux que je l'é-
coutais avec ravissement. L'orage se termina par
une pluie si abondante que l'eau, tombant par la
fenêtre et entrant par la porte, inonda une grande
partie de la caverne; mais elle ne gagna point ma
chambre à coucher. Cette espèce de déluge dura
près de deux heures, que je fus obligé de passer
à la même place et dans une inaction absolue.
Enfin, la pluie cessa, le ciel s'éclaircit, et le sable
de la grotte eut bientôt bu l'eau qui y avait
pénétré. Je sortis alors, et je vis avec frayeur les
ravages que la tempête avait causés; plusieurs
arbres avaient été déracinés par la violence du
vent, la campagne était inondée, et je marchais
dans l'eau jusqu'aux genoux. Oh! combien je me
trouvais heureux d'avoir une demeure solide qui
pût me garantir de ces terribles orages! Je formai sur-le-champ le projet de la protéger mieux
encore et de la rendre plus habitable en bou-
chant, dans ces occasions, la fenêtre que j'y avais
faite. J'éprouvais de vives inquiétudes pour ma
cabane de feuillage, pour mon parc et pour mon
bétail; mais je ne pouvais me mettre en route ce
jour-là; il fallait laisser aux eaux le temps de
s'écouler. Je pris le chemin du rivage; les flots
agités y avaient entraîné une si grande quantité
de coquillages que j'en fis une ample provision.
J'avais vidé dans un coin de ma grotte le sac que
j'avais trouvé plein de clous; il m'était très utile

pour y mettre ce que je voulais emporter. Je le
remplis cette fois de coquilles Saint-Jacques,
d'huîtres, de moules, et de certains coquillages
qui, ayant la forme de lames, étaient fort tran-
chants, et pouvaient me tenir lieu du couteau que
j'avais cassé.

Après avoir déposé tout cela dans ma caverne,
j'allai visiter le coffre. Je vis avec grand plaisir
que, pendant la nuit précédente, il avait été tellement battu par les vagues, que les planches commençaient à se disjoindre. Je pris la plus forte
hache que je fusse capable de remuer; j'enfonçai
des coins entre les planches, et, à force de frapper, je parvins à en détacher plusieurs. Quelle
augmentation de **richesses**! Je voyais le moyen
de faire une porte pour ma grotte et un volet pour
ma fenêtre. Bientôt tout ce que j'avais laissé dans
le coffre se trouva à découvert. Parmi des outils
trop pesants pour mes forces, il y avait encore
trois grands sacs remplis de clous, un levier de
fer, un ciseau de menuisier, et, par un hasard
très heureux pour moi, une petite marmite de
fonte avec son couvercle ; cette dernière trouvaille
me fit sauter de joie. J'allais donc faire du bouillon, et cuire dans l'eau des pommes de terre, du
poisson et des œufs ! Je passai toute cette journée à transporter péniblement dans ma demeure
mes nouvelles acquisitions. Quant aux planches,
je les tirai bien avant sur la grève, afin que la

mer ne pût los ontraîner, décidé à les travailler
sur place. Je passai le reste de la journée à mettre de l'ordre dans mes effets; je les rangeai si
bien qu'il m'était facile de trouver l'objet dont
j'avais besoin sans déranger les autres. Un sommeil profond me dédommagea de la mauvaise
nuit que j'avais passée, et je fus le lendemain en
état de me mettre en route. Je retrouvai le chemin le plus court, je repassai par le champ de riz;
comme je pouvais faire du feu, c'était pour moi
un grenier d'abondance qui devait m'assurer ma
subsistance pendant la mauvaise saison. Mais il
fallait acheter cet avantage par bien des peines et
des fatigues; il fallait transporter le grain chez
moi, le séparer de la paille, et le mettre en tas
dans l'espèce de cave qui était au fond de la
caverne.

Le cœur me battait en approchant de ma première demeure. Hélas! à peine pus-je la reconnaître; le toit de roseaux était partout enfoncé,
les murs de branchages à demi renversés; il n'y
avait plus moyen de s'y mettre à couvert. Le parc
avait moins souffert; les jeunes arbres que j'avais
plantés avaient pris racine, et poussé de tous
côtés tant de rejetons qu'ils s'entrelaçaient et se
soutenaient mutuellement; d'ailleurs ces arbres,
d'une nature flexible, cédaient à l'orage et pliaient
plutôt que de rompre. Mon troupeau ne paraissait
pas avoir souffert; mais ma chèvre était incom-

modée de son lait. Ses petits ne têtaient presque plus, et la pauvre bête parut fort soulagée quand je me mis à la traire. Je le fus aussi quand j'eus avalé une tasse de son lait; cette boisson rafraîchissante me remit de mes fatigues.

Après de longues réflexions, je décidai que je ne réparerais point ma cabane pour le moment, et que j'irais habiter ma grotte jusqu'à ce que l'hiver, que je pensais devoir arriver bientôt, fût passé. Je me proposai alors de revenir dans ce lieu et d'y construire une nouvelle maisonnette bien plus solide que la première. Etant pourvu d'outils cela m'était facile; je pouvais creuser plus avant, et enfoncer mes pieux de manière à ce qu'ils ne fussent pas aisément ébranlés. Je voulus faire de cet endroit, plus gai et plus riant, une maison de campagne pour y passer l'été. Il fallait, pour cela, transporter une partie de mes instruments, et j'avais déjà imaginé le moyen que j'emploierais pour y parvenir. Pour le moment, je n'avais rien de plus pressé à faire que de conduire mon troupeau dans ma grotte, et de me livrer entièrement aux travaux que je devais achever avant la mauvaise saison.

VI

Le troisième jour après mon arrivée, je quittai ce lieu avec ma petite caravane. Je conduisais ma chèvre avec une simple ficelle, les chevreaux la suivaient, et Castor faisait l'arrière-garde; si les petits s'écartaient, il les ramenait bien vite. Je m'arrêtais de temps en temps dans les endroits où l'herbe était la plus épaisse, pour laisser paître mon troupeau. Dans une de ces haltes, mon chien, qui s'était un peu écarté, se mit à aboyer et à hurler d'une façon extraordinaire, comme s'il était blessé ou effrayé par quelque bête féroce. J'eus d'abord grand'peur, mais je ne pouvais laisser sans secours mon fidèle compagnon. Je ne marchais plus qu'armé d'une petite hache; je résolus de m'en servir pour défendre mon cher Castor. Je m'avançai doucement en regardant de tous côtés, et je l'aperçus en présence d'un ennemi plus singulier qu'effrayant; c'était un animal de la grosseur d'un gros chat et couvert de piquets plantés sur son corps comme des tuyaux de plume. Castor avait voulu l'attaquer, comme le prouvait son museau ensanglanté; tout à coup l'animal s'arrondit et prit la forme d'une boule, en nous présentant des dards hérissés qui se heurtaient avec bruit. Alors je pris ma hache à deux mains, et je lui en déchargeai un si grand coup que la terre fut tout arrosée de son sang. Il fit un bond terrible qui me fit reculer; mais je revins sur mes pas et lui donnai tant de coups que je parvins à le tuer. Je dois avouer que je fus tout à fait glorieux de cette victoire, la première que j'eusse remportée de ma vie. J'aurais bien voulu emporter le corps de mon ennemi vaincu ; mais cela était impossible, puisqu'on ne savait par où le prendre ; je me contentai de couper avec ma hache tous les dards de l'animal. Ils étaient si forts et si pointus que, si je parvenais à percer le bout le plus épais, j'en pouvais faire des aiguilles propres à coudre des habits de peau dont je comptais bien me pourvoir. Ceux qui liront cette relation seront sans doute plus instruits que je ne l'étais alors, et reconnaîtront le porc-épic au portrait que je viens d'en faire.

Ce fut là le seul événement remarquable de ce voyage. J'arrivai heureusement chez moi ; j'établis mon troupeau dans ma nouvelle demeure, et ne voulant ce jour-là rien entreprendre de trop fatigant, j'employai la peau de l'agouti à me garantir les pieds des blessures auxquelles ils étaient exposés depuis que j'étais sans chaussures. Je taillai de mon mieux des semelles, puis des lanières pour les attacher sur le pied et autour de la jambe. Pour les joindre ensemble, il me fallait des aiguilles : voici comment je m'y pris pour m'en procurer. Je fis rougir un clou pointu dans un feu fort ardent ; je saisis ensuite la tête avec mon mouchoir mouillé, et je perçai le côté épais des dards de porc-épic. Cela me réussit parfaitement, j'eus de fort bonnes aiguilles, et j'attachai solidement les bandes de peau aux semelles, de manière que je pouvais marcher sans

me blesser. La soirée fut employée à me pourvoir
de vivres pour quelques jours, afin de travailler
avec plus d'assiduité. Je me servis de ma marmite pour faire cuire des crabes, des moules et
d'autres coquillages, en attendant que la chasse
de mon chien me procurât le moyen de faire du
bouillon.

La première chose dont je m'occupai fut de
construire une porte pour ma grotte. Que de
peines et de fatigues elle me coûta! Je pris d'a-
bord la longueur et la largeur de l'ouverture; je
sciai ensuite le dessus du coffre qui était resté
dans son entier dans les mêmes proportions. On
devine bien que j'y passai un temps considérable ; mais cet ouvrage terminé, je n'en fus pas
plus avancé. Il fallait transporter cette porte près
de la caverne, et, quoique la distance ne fût pas
grande, il me fut impossible d'en venir à bout,
puisque je pouvais à peine la remuer. Je suppor-
tai encore cette fois la peine de mon peu de prévoyance; il fallut me contenter de fermer ma
grotte avec une espèce de claie composée de
branches entrelacées. Je réussis mieux au volet ;
comme il était beaucoup plus petit, je l'achevai
en peu de jours et je le portai près de ma fenêtre
pour m'en servir seulement la nuit, ou quand le
temps serait à la pluie.

Je songeai ensuite à ma récolte de riz et de
pommes de terre ; ce fut alors que je me félicitai

d'avoir de grands et bons sacs. Sans ce secours,
comment eussé-je transporté chez moi mes provisions d'hiver? Dans l'espace de quinze jours je
recueillis assez de grains et de patates pour la
consommation d'un enfant de mon âge. Le tout
fut mis à couvert dans l'endroit le plus sec de
ma demeure, et je commençai à faire usage du
riz au lait, nourriture qui me plaisait infiniment;
d'autres fois je le faisais cuire dans l'eau et je le
laissais sur le feu jusqu'à ce que le riz fut absolument sec; alors je le mangeais en guise de
pain avec les œufs ou les coquillages dont je ne
manquais pas souvent. Le tout, assaisonné de
sel et de jus de citron, faisait un manger très
passable.

Jusqu'alors j'avais toujours fait du feu en plein
air. Je songeai que dans les grandes pluies je ne
pourrais jamais l'allumer, ou qu'il s'éteindrait
bien vite. Je compris la nécessité de me fabriquer un foyer dans l'intérieur de ma grotte. La
plus grande difficulté était de donner un passage
à la fumée pour n'en pas être suffoqué; je cherchai d'abord des pierres plates que je rangeai les
unes sur les autres, en mettant entre elles une
couche d'une certaine terre grasse qui me parut
propre à les lier; j'en formai deux petits murs
qui m'allaient jusqu'à la ceinture. Je posai dessus
une planche en travers que j'enduisis aussi de
terre grasse pour que le feu n'y prît pas; j'avais

établi ce foyer près de ma fenêtre. J'eus le bonheur de trouver encore un endroit du rocher qui
était percé et seulement bouché avec de la terre
et des herbes; je l'en débarrassai et formai un
trou où je pouvais passer les deux mains. Je sciai
alors quatre planches fort étroites et je les fis entrer dans cette ouverture, les attachant fortement
avec de grands clous, ce qui forma comme un
tuyau de poêle qui conduisait la fumée en dehors.

On ne peut être plus content que je ne le fus
de cette invention; je voulus sur-le-champ en
faire l'essai et je mis le pot-au-feu devant mon
nouveau foyer. Pendant que mon riz bouillait, il
me prit envie d'aller faire un tour au rivage.
J'avais vu souvent au bord de la mer d'énormes
tortues qui déposaient leurs œufs dans le sable
et me préparaient d'excellents repas: j'aurais
bien voulu en prendre quelqu'une, car j'avais
appris des matelots que c'était un fort bon manger et qu'on en faisait du bouillon; je savais
aussi qu'il fallait tourner la tortue sur le dos pour
l'empêcher de retourner à la mer; mais toutes
celles que j'avais vues jusqu'à ce jour étaient trop
grosses et trop lourdes pour que je puisse en
venir à bout. Cette fois j'eus le bonheur d'en rencontrer une plus petite et que je pouvais espérer
remuer. J'appelai Castor pour qu'il lui coupât la
retraite, et m'approchant d'elle, je la mis promptement sur le dos. La tortue, ne pouvant se sau-

ver, ni se défendre, fut alors en mon pouvoir; je
la tuai à coups de hache, et lui ouvris le ventre
où je trouvai vingt-deux œufs; enfin j'en coupai
une grande pièce que j'allai mettre dans une marmite. Je revins à ma proie, et l'ayant entièrement
dépecée sans rompre son écaille supérieure, je
me mis en possession d'une belle cuve, dont je
tirai parti aussitôt. La vue d'un vase si commode me fit naître l'idée de saler la tortue, afin
de la conserver. Je me rappelai ce que j'avais vu
faire à ma mère quand elle salait un porc, et
j'agis de la même manière; je portai dans ma
grotte ma cuve d'écaille et toute la chair de ma
bête.

J'arrangeai d'abord une couche de sel, puis une
autre de viande, et ainsi, tant qu'il en put entrer
dans la cuve. Je recouvris le tout de sel, de l'épaisseur d'un doigt; je mis des bouts de planches
par-dessus, et ensuite de grosses pierres pour
presser ma salaison. Cela fait, je retournai à mon
dîner; il était cuit à point et j'eus le plaisir de
manger un excellent potage au riz; la chair de
ma tortue me parut aussi fort bonne, et Castor
s'en régala ainsi que moi.

Le plus pressé me semblait fait; j'avais de quoi
vivre pendant l'hiver, et une retraite commode
pour me garantir des injures du temps. Je me
demandais à quoi je devais m'occuper, afin de me
distraire par le travail. Je résolus de cueillir une

grande quantité d'osier et de petites branches de
saule pour me fabriquer des paniers et des corbeilles. Je voulais aussi tuer quelques boucs
avant l'hiver et me tailler des vêtements dans
leurs peaux.

Ce projet était bien conçu, mais l'exécution en
était embarrassante ; je ne voyais d'autre moyen,
pour prendre des boucs et des chèvres, que de
tendre un grand filet dans le chemin où ils passaient pour aller s'abreuver ; je voulais les guet-
ter, accompagné de mon chien, paraître tout à
coup devant eux, les épouvanter par mes cris,
auxquels se joindraient les aboiements de Castor,
et j'espérais qu'en fuyant, quelques-uns donneraient dans mes filets, où je pourrais facilement
les tuer. Ce qu'il y avait de malheureux, c'est que
ma ficelle était épuisée. J'essayai d'en faire avec
plusieurs plantes filandreuses ; ce qui m'y parut
le plus propre fut le brou qui entourait les noix
de coco ; j'en tirai une espèce de filasse dont je
fis des cordelettes, en les tournant avec un morceau de bois auquel j'avais donné la forme d'un
fuseau. J'avais souvent vu des pêcheurs travailler
à leurs filets, je me fabriquai une navette, et je
réussis à faire un filet grand et fort. Alors je me
donnai tout entier à la chasse ; j'y fus si heureux
qu'il ne se passait guère de jour où je ne prisse
quelque bouc ou un jeune chevreau. Je tuais les
premiers, je les dépouillais et mettais leurs peaux

sécher. Quant aux jeunes, je les joignis à mon
troupeau, qui se trouva composé, outre la première chèvre, de neuf chevreaux mâles et femel-
les. Je résolus aussi de faire beaucoup de filets
plus ou moins forts, les uns pour prendre du
poisson, les autres pour attraper des petits oiseaux.
J'eus à me féliciter des précautions que j'avais
prises contre le désœuvrement ; les pluies commencèrent bientôt avec une telle violence, que,
pendant plusieurs jours, il me fut impossible de
sortir de chez moi. Combien je me trouvai heureux de m'être préparé de l'ouvrage ! J'ai omis de
dire que l'exercice et le travail avaient considérablement augmenté mes forces, et que l'habitude de réfléchir à des choses utiles avaient étendu
mes idées, de manière que, tant au physique qu'au
moral, j'étais beaucoup plus avancé que le commun des enfants. La nécessité m'avait rendu in-
dustrieux et surtout observateur. Par exemple,
ma première pensée, quand le mauvais temps
commença, fut que je devais calculer sa durée,
pour savoir sur quoi compter les années suivantes.
A cet effet, je pris un grand vase de calebasse,
et tous les jours j'y mettais un caillou me proposant de les compter à la fin de l'hiver.

Je commençai mes travaux par ceux de vannier ;
je fis des paniers de toutes formes et de toutes
grandeurs. Je dois avouer qu'ils n'étaient pas
d'une tournure élégante, mais ils étaient solides,

et me rendirent de grands services par la suite.
Je tressai deux grandes et fortes corbeilles, où je
serrai mon riz; il était bien plus proprement
qu'entassé dans mon magasin. Dès qu'il y avait
un jour sans pluie, j'en profitais pour aller faire
de l'herbe, afin que mes bêtes ne manquassent
pas de nourriture : Castor sortait aussi ces jours-
là et me régalait quelquefois de gibier. Au reste,
les patates, le riz, le lait de ma chèvre, approvi-
sionnaient suffisamment ma cuisine, et si les
vivres m'avaient manqué, j'aurais pu tuer un de
mes chevreaux. Mais ces animaux, que j'avais
apprivoisés, que je nourrissais avec tant de soin
et qui faisaient partie de ma famille, m'étaient
extrêmement chers; ce n'eût été qu'à la dernière
extrémité que j'eusse pu me décider à leur ôter
la vie. Je ne voulais pourtant pas que mon troupeau augmentât, et, pensant bien qu'il se multi-
plierait au printemps, j'avais pris la résolution de
tuer les petits, dès qu'ils cesseraient de téter, ce
qui aurait le double avantage de me procurer du
lait en abondance et des peaux pour me vêtir. La
tortue que j'avais salée s'était conservée parfaitement : quand je l'eus consommée, je cherchai
l'occasion d'en prendre une autre que j'accom-
modai de la même manière, ce qui me procura
une seconde cuve d'écaille et le moyen d'augmenter mes salaisons.

Lorsque je fus bien fourni de paniers, je plantai

de gros clous dans les fentes du rocher; je suspendis aux parois de la grotte des corbeilles remplies de toutes mes provisions; j'y serrai aussi mes clous et la menue ferraille; tout cela était rangé dans un si bel ordre, que ma demeure n'en était pas déparée.

Ce qui me contrariait, c'était de n'avoir que très peu de clarté; le plus souvent la pluie m'obligeait de tenir mon volet fermé; j'étais alors privé de la lumière qui venait de la fenêtre et forcé de travailler près de la porte. Les jours d'ailleurs étaient très courts; il fallait quitter l'ouvrage de bonne heure; je n'avais alors aucune ressource contre l'ennui. Je tombais dans la mélancolie; toutes mes pensées étaient tristes. Me voyant dans une grande abondance des choses nécessaires à la vie, je n'en regrettais que plus vivement de n'avoir pas un compagnon avec qui je pusse les partager. C'est alors que je compris le vide de cette existence solitaire. Je me désespérais, en pensant que j'étais peut-être condamné à passer ainsi bien des années, peut-être même toute ma vie. Cette pensée m'effrayait; en vain je voulais la chasser de mon esprit : mais toujours elle se présentait à moi quand l'approche de la nuit m'empêchait de m'occuper.

Un soir que j'étais accablé de tristesse, il me vint une pensée heureuse, puisqu'elle me rendit le courage et me fit surmonter mon chagrin.

Voici ce que je me dis à moi-même : « A quoi me servent mes larmes et l'affliction à laquelle je m'abandonne ? Mes inutiles désirs ne me donneront pas ce qui me manque. Je ferais donc bien mieux de tâcher de me rendre le moins malheureux qu'il me sera possible. L'ennui me tourmente une partie du jour, parce que je suis dans l'obscurité et que je ne puis travailler. Il est vrai, je n'ai ni livre, ni plume, ni papier, pour occuper mon esprit, mais j'ai de la mémoire. Qui m'empêche de me rappeler tout ce que j'ai appris autrefois, ce que j'ai lu, tant à l'école qu'à la maison ? Ne sera-ce pas comme si l'on me racontait des histoires ou comme si je les lisais à nouveau ? Je veux aussi me souvenir de tout ce que j'ai pensé et de tout ce que j'ai fait depuis que je suis dans cette île. Je trouverai quelque chose pouvant me servir de papier : j'écrirai alors mes aventures, et je suis sûr que cela m'amusera beaucoup. » Cette idée m'occupa toute la soirée ; mes larmes se séchèrent, et j'allai me reposer sur mon lit de feuilles le cœur plus content qu'à l'ordinaire.

On s'étonnera peut-être qu'un enfant qui avait à peine treize ans fût capable de pareils raisonnements ; mais dans la situation où je me trouvais, toutes les pensées de mon esprit étaient tournées vers les choses utiles ; je conversais sans cesse avec moi-même ; enfin les notions que j'avais

reçues germaient, pour ainsi dire, dans la solitude, et se retraçaient à mon esprit.

J'avais calculé le temps par les lunes. C'était
le 25 avril que j'avais fait naufrage : j'étais alors
âgé de douze ans et demi. J'avais compté quatre
lunes depuis cette époque jusqu'au commencement des pluies ; je jugeai donc être à la fin du
mois d'août, et l'on a vu le moyen que je pris
pour savoir exactement combien de temps elles
dureraient. Je n'ai pas à me reprocher d'avoir
perdu un seul jour. Mes habits étant entièrement
usés, je m'en fis avec mes peaux de chèvre. C'é-
tait d'abord une espèce de tunique fort large qui
me descendait jusqu'aux genoux ; elle était for-
mée de deux pièces unies ensemble par une cou-
ture grossière. Je me servis pour cela de mes
aiguilles de porc-épic et d'une petite ficelle que
je tournai comme je l'ai dit. Je serrais cette robe
autour de mes reins avec une lanière de la même
peau. Je me fis aussi des guêtres pour garantir
mes jambes de la piqûre des insectes, et plusieurs
paires de sandales, parce qu'elles s'usaient en
peu de temps. Il fallait aussi préserver ma tête
des rayons du soleil, dont j'avais souvent été fort
incommodé ; je tressai d'abord de l'osier, et lui
donnai la forme d'un bonnet pointu ; je le couvrais de peau, dont je mis le poil en dehors,
comme à mes autres vêtements. Si l'on m'avait
vu dans cet équipage, on eût pu me prendr pour

un petit ourson. Quoi qu'il en soit, je fus très
content de mon travail et de la certitude qu'il me
donnait d'être toujours vêtu. Les jours sombres
et pluvieux s'écoulaient dans ces occupations, et
les soirées étaient employées comme je l'avais
imaginé, pour en bannir l'ennui. Je m'occupai de
rédiger mes aventures ; c'est à ce soin que je dois
de pouvoir rendre un compte exact de tout ce qui
m'est arrivé dans mon île. Que d'heures j'ai ainsi
passées, me rappelant les difficultés que j'avais
surmontées, et les différents événements qui
avaient marqué mon existence dans mon île.

Aujourd'hui encore, je me rappelle avec attendrissement la terreur que j'éprouvai un jour, en
me sentant subitement malade. J'avais, je crois,
mangé des coquillages malsains : je fus pris de
vomissements terribles, suivis d'un affaiblissement complet. Je pouvais à peine faire un mouvement ; j'étais là, étendu sur ma couche de feuilles sèches, me demandant avec effroi ce que j'allais devenir si mon mal se prolongeait ; mon
chien à mes côtés me regardait tristement, on
eût dit qu'il comprenait que son maître souffrait.
Je restai ainsi près de deux jours, au bout desquels, à bout de forces, je tombai dans un profond sommeil. Quand je m'éveillai, je ne ressentis
plus qu'une légère fatigue : j'étais guéri.

Les pluies venaient de cesser, le soleil brillait
de tout son éclat, et je pus me flatter que l'hiver

était passé. Ce fut pour moi le sujet d'une grande
joie. J'allais revoir les charmants bocages de mon
île, visiter mes domaines, renouveler mes provisions et varier mes aliments. Je comptai les cailloux que j'avais mis, chaque jour, dans un vase ;
il y en avait cent quinze, ce qui formait près de
quatre mois ; je conjecturai que c'était à peu près
la durée de chaque hiver dans cette partie du
monde, où j'étais tout étonné de ne point éprouver
de froid et de ne voir ni glace ni neige. Ayant
formé de grands projets de voyage, je voulus m'é-
quiper en conséquence. Je me fis un ceinturon de
peau pour y placer une petite scie d'un côté et
une hache de l'autre. D'une forte branche, dépouillée de ses feuilles, je me fis un bâton que je
portai sur mon épaule en guise de fusil, et où je
passai un panier qui devait me servir à rapporter
au logis ce que je trouverais de bon. Je me chargeai, de plus, d'un sac roulé et attaché sur mon
dos. Je pris d'abord le chemin de ma maison des
champs, pour y conduire mon troupeau et l'établir dans son parc ; ces pauvres bêtes étaient bien
contentes d'être en liberté et de brouter l'herbe
fraîche des prairies et les jeunes branches des arbustes : elles me suivaient gaîment, et Castor,
joyeux de faire une course avec son maître, faisait
mille bonds, se roulait sur le gazon et m'acca-
blait de caresses.

Je ne vis, à mon arrivée, aucun vestige de ma

cabane; elle avait été entièrement détruite, et ses
débris entraînés par les pluies. Le parc, au contraire, était dans le meilleur état; la haie était
si fourrée que je n'y pouvais passer la main, et
les jeunes arbres avaient poussé tant de rejetons
en tous sens, que l'ouverture que j'y avais laissée
était bouchée. J'élaguai avec ma hache les branches qui la fermaient et j'y fis entrer mon troupeau. Depuis quelque temps la chèvre n'avait plus
de lait; je ne voyais aucun inconvénient à laisser
ces animaux à eux-mêmes. Je crus même pouvoir me dispenser de les approvisionner, et leur
laisser la liberté de sortir du parc pour chercher
leur nourriture, bien sûr qu'ils y rentreraient
toutes les nuits, puisqu'ils y trouvaient de quoi
se reposer commodément. Le bon état de ma
plantation me donna envie d'en faire une semblable près de ma grotte, et de m'entourer d'un bosquet d'arbres choisis, propres à égayer ma demeure. Je remis l'exécution de ce projet un peu
avant l'hiver, pensant que les pluies abondantes
lui seraient favorables.

VII

Je partis, le cœur rempli de l'espérance de faire
de nouvelles découvertes dans les parties de l'île
que je n'avais pas encore visitées; je pris la côte
qui s'étend vers le midi. Comme je ne pouvais

marcher sur le rivage à cause de l'amas de
rochers coupés à pic en plusieurs endroits, je
montai le penchant de la côte pour descendre
ensuite au delà; mais au sommet je trouvai les
arbres si rapprochés et si embarrassés de lianes
qu'il me fut impossible de pénétrer dans la forêt
qui s'offrit alors à mes regards. Je marchai quelque temps sur le sommet des rochers, ayant d'un
côté cette mer immense et de l'autre cette forêt
qui bornait ma vue. Bientôt les arbres devinrent
plus rares, la côte s'abaissa, et je pus apercevoir,
à près d'une lieue devant moi, le rivage, qui,
comme une belle nappe de verdure entremêlée de
bouquets de bois, s'étendait au midi, de l'est à
l'ouest. Je descendis avec empressement dans
cette superbe prairie naturelle, qui m'offrait à
chaque pas les ombrages les plus agréables, et
où je découvrais de nouvelles productions que je
n'avais pas aperçues dans les autres cantons que
j'avais parcourus. Mon temps était à moi; rien ne
me rappelait dans ma demeure, où j'avais laissé
tout en ordre. Je résolus d'examiner attentivement
tous les arbres et toutes les plantes qui m'entouraient, afin d'en tirer quelque utilité.

Pour la clarté de mon récit, je désignerai désormais les uns et les autres par leurs noms, que
j'ai appris depuis ma sortie de l'île; je leur en
donnais alors d'analogues à ce qu'ils me fournis-
saient pour mes besoins. J'appelai le karatas à

fleurs rouges l'arbre à amadou, parce que sa
moelle m'en tenait lieu, et ainsi des autres.

Le bananier attira d'abord mon attention par
sa singularité. Je voyais un arbre qui ne paraissait pas avoir de tronc, c'était comme un rouleau
de feuilles couchées les unes sur les autres. Cette
grosse tige verdâtre avait à peu près trois fois
ma hauteur; elle était si tendre que j'en abattis
une d'un seul coup de hache; je m'assis pour la
considérer à mon aise. Les feuilles d'un bananier sont d'une grandeur énorme; il porte des
fruits assez semblables aux concombres; je les
trouvais d'un goût aigrelet et très agréable; mais
je ne sais pourquoi je m'imaginais qu'ils vau-
draient encore mieux cuits. L'heure du dîner
approchait; il devait être composé d'œufs d'oiseaux et de patates. Je creusai dans la terre
comme un petit four, j'y mis plusieurs de ces
fruits et je mis mon feu au-dessus. Cet essai me
réussit; je trouvai les bananes très bonnes et
presque aussi nourrissantes que du pain. Après
mon repas, je cherchai l'ombrage le plus épais
pour m'y abriter durant la grande chaleur; je le
trouvai sous des mangliers élevés, et formant
une multitude de berceaux entrelacés; ils s'étendaient à l'extrémité du rivage, et allaient former
encore au loin dans la mer des arbres et des voû-
tes de verdure des formes les plus variées. Le
manglier ou figuier sauvage croît sur les bords

de la mer et dans les terrains marécageux; les racines qui sortent de terre s'élèvent, s'étendent de tous côtés, et atteignent quelquefois une hauteur démesurée.

Cependant, je fus distrait de mes observations par un spectacle tout à fait divertissant; c'était une partie de pêche qui se faisait à cent pas de moi. Les pêcheurs étaient une troupe de gros oiseaux aux ailes couleur de feu, qu'on nomme flamants; ils étaient rangés en file le long du rivage, et ressemblaient à un régiment en uniforme rouge, rangé en bataille. Une chose si nouvelle pour moi excitait ma curiosité, je considérais ces oiseaux, sans oser bouger ni faire le moindre bruit, de peur que si je les effrayais ils ne prissent leur vol; je remarquai qu'il y en avait quelques-uns qui paraissaient posés en sentinelles pour veiller à la sûreté de toute la troupe. Je me cachai dans le feuillage pour n'en être pas aperçu, et je m'amusai longtemps à les voir manger de petits poissons ou des coquillages, et fouiller dans la vase avec leur bec pour y trouver des insectes dont ils sont friands. Malgré le plaisir que j'avais à les regarder, je désirais en tirer un autre profit. Je m'approchai doucement entre les mangliers, et quand je fus à portée de la bande, je lançai au milieu une grosse pierre. J'avais visé si juste que j'en fis tomber un grièvement blessé. Les sentinelles poussèrent un cri

perçant, et toute la troupe s'envola à tire-d'aile.
Je m'emparai de mon flamant; comme il était
aussi grand que moi, je ne pus le porter; mais je
le traînai, au moyen d'une ficelle, à l'ombre des
mangliers. Il avait perdu tant de sang par sa
blessure, qu'il n'avait pas la force de donner des
coups de bec. Je lui coupai la tête et je commençai à le plumer, me proposant de ne le mettre à
la broche que le lendemain. Je régalai Castor de
ses entrailles, et quand il fut proprement arrangé,
je le suspendis aux branches d'un arbre que
j'avais choisi pour y passer la nuit.

La fraîcheur du soir m'invitait à me promener
au bord de la mer. J'y remarquai beaucoup de
petits poissons; c'était sans doute ce qui attirait
les oiseaux pêcheurs. Je fis à la hâte une ligne,
je mis au bout un clou recourbé provenant du
coffre et je l'amorçai avec des boyaux de flamant.
Grâce à cet engin primitif, je parvins à prendre
assez de poissons pour en faire mon souper; je
les grillai sur le charbon et les trouvai excellents.
Je terminai cette journée intéressante en allant
goûter le repos au milieu de l'épais feuillage d'un
manglier.

Le lendemain matin je tournai mes pas vers un
joli bois de palmiers; mon flamant m'embarras-
sait, parce qu'il était fort lourd et que j'étais déjà
chargé. Je m'avisai de le lier sur le dos de
Castor, et moitié par autorité, moitié par caresse,

j'obtins du bon animal de porter ce fardeau, dont je le débarrassai dès que nous eûmes gagné le bois, où je voulais passer la matinée et apprêter mon dîner. Ce fut dans ce lieu que je pus observer les différentes espèces de palmiers dont chacun m'offrait quelque avantage. Celui que l'on nomme latanier ou palmier-éventail est ainsi appelé parce que ses feuilles sont placées en éventail à l'extrémité des branches; il est fort élevé, mais sa grosseur ne répond pas à son élévation. J'en abattis facilement un tout jeune, le tronc ayant très peu de bois. Il contient une grande quantité de moelle semblable à de la filasse; nouveaux matériaux pour mes cordes et mes ficelles. J'en fis une provision que je mis sécher au soleil pour en remplir mon sac.

Le palmier porte à son sommet un amas de feuilles tendres qu'on nomme chou. C'est un excellent aliment, dont le goût ressemble à celui de l'artichaut.

On en fait si grand cas, qu'on abat l'arbre pour se le procurer. Mon ignorance m'empêcha d'en tirer parti pour ma nourriture; cependant le hasard me fit découvrir que cet arbre fournit une boisson délicieuse. Voulant juger de l'épaisseur de son écorce, je fis une incision au tronc; il en coula aussitôt quelque chose de liquide que je recueillis dans une tasse. C'était un vin doux et tout à fait agréable à boire; il se conserva trois

jours fort bon, puis se changea en vinaigre.

Je vis encore le palmier-sagou; avec plus de
connaissance j'aurais tiré de sa moelle une pâte
succulente. Combien j'ai regretté depuis mon peu
d'instruction, qui m'a privé des avantages que
m'eussent offerts tant de différentes productions
si j'avais connu leurs propriétés!

Le superbe cocotier s'élevait au milieu de tous
ces arbres; je ne me lassais point de l'admirer;
il me semblait que lui seul pouvait suffire aux
premiers besoins de l'homme. Tout est utile dans
cet arbre : les feuilles, séchées et tressées, peu-
vent couvrir les cabanes; il fournit une liqueur,
comme le palmier, par le moyen des incisions, et
son jeune fruit produit un lait délicieux; dans sa
maturité, il fournit une amande blanche et ferme
comme la noisette, dont elle a un peu le goût. Sa
coque donne des vases, et le brou qui l'entoure
peut s'employer, comme je l'avais fait, pour faire
de la ficelle et des cordages.

Le temps s'était écoulé bien promptement en
considérant tant de choses merveilleuses; il
fallait préparer le repas splendide auquel ce jour-
là rien ne devait manquer, puisque d'excellent
vin accompagnerait la bonne chaire. Le flamant
fut rôti avec soin; il rendit beaucoup de graisse
huileuse, que je recueillis dans une tasse de coco.
J'avais encore dans ma grotte celle de tous les
animaux que j'avais mangés; mais l'idée qui me

vint en cet instant ne s'était pas encore présentée à mon esprit. Je me dis que cette graisse pourrait être bonne à brûler aussi bien que celle du bœuf ou du mouton. « Que je serais heureux, m'écriai-je, si je pouvais avoir une lampe pour m'éclairer pendant les tristes soirées d'hiver! Eh! pourquoi non? j'ai tout ce qu'il me faut pour cela; une coquille de Saint-Jacques sera ma lampe, le fil des bas que j'ai défaits me fournira des mèches et la graisse de mes rôtis servira d'huile. Je sautai de joie à cette invention; mais un coup de pied que je donnai dans le vase renversa toute la graisse du flamant, ce qui ne m'affligea guère, puisque j'avais de quoi la remplacer. Je me rappelai la fable de *la Laitière* et le *Pot au lait,* que j'avais apprise par cœur, et le rapport que j'avais avec elle me fit éclater de rire. Ce fut dans cet excès de gaîté que je me mis à table, c'est-à-dire que je m'assis sur un gazon bien frais. Des feuilles de cocotier servaient de nappe; j'y plaçai mon rôti, accompagné, d'un côté, d'une belle noix de coco, et, de l'autre, d'une pyramide de pommes de terre; deux tasses de vin de palmier étaient aux deux bouts : ainsi rien ne manquait à la somptuosité du festin. Castor, assis devant moi, attendait avec impatience sa part du gibier. En bon maître, je le servis le premier, et tous deux nous satisfîmes notre appétit.

L'après-dîner, je montai sur plusieurs arbres

pour y chercher des nids; j'y trouvai des œufs
de pigeons et de tourterelles; mais ma plus précieuse découverte fut celle d'un nid de perroquets,
dont les petits étaient éclos depuis quelques jours
et commençaient à se couvrir de plumes. Je pris
celui qui me parut le plus fort, désirant l'élever,
et me faisant une idée charmante de lui apprendre à parler, et d'entendre encore une fois les
accents d'une voix humaine. Je descendis doucement avec mon petit prisonnier; il était tout
tremblotant; je le rassurai par mes caresses et
le réchauffai; ensuite je lui fis boire du vin de
palmier, et le posai dans ma corbeille sur un petit
lit de feuilles.

J'avais quelquefois eu la crainte d'oublier le
français, n'ayant nulle occasion de le parler; songeant que, par la suite, il pourrait aborder des
hommes dans mon île, je désirais pouvoir me
faire entendre. Je prenais plaisir à répéter à haute
voix, en me promenant, tout ce que j'avais appris
par cœur dans mon enfance. Mais l'espoir de
causer avec mon perroquet me flattait bien davantage; aussi je me fis un plaisir à l'idée de son
éducation. Je ne pouvais supporter la pensée
d'oublier le peu que je savais, me trouvant déjà
bien assez malheureux de ne pouvoir rien apprendre de nouveau. Je ne songeais pas que
l'expérience était mon maître; j'acquérais tous
les jours, presque à mon insu, quelque nouvelle
connaissance.

Après huit ou dix jours de voyage, qui offrirent
de nouveaux objets à ma curiosité et m'enrichi-
rent de plusieurs choses utiles, je me trouvai,
sans m'en douter, de retour à mon habitation,
où j'arrivai d'un autre côté que celui d'où j'étais
parti. Les rochers offraient, dans cet endroit,
l'aspect le plus pittoresque ; ils me représentaient
une belle serre où les pots à fleurs étaient rem-
placés par les petites terrasses, les fentes, les
saillies de la montagne. Chacune de ces sortes
de tablettes s'était couverte des plantes les plus
rares et les plus variées qui charmaient les yeux.
C'étaient surtout des plantes grasses, aux feuilles
épaisses et charnues, la plupart épineuses. Les
karatas, les aloès, les superbes cierges épineux,
y étaient en très grand nombre, et la serpentine
laissait pendre le long des rocs ses nombreuses
tiges entrelacées.

Au milieu de ces différentes productions, je
découvris un fruit que son parfum délicieux m'invitait à goûter ; chaque plante n'en portait qu'un
au sommet de sa tige, haute de deux pieds et de
la grosseur du pouce ; le fruit avait la forme
d'une pomme de pin ; il était jaune en dehors.
Rien ne m'a tant flatté que le goût de sa chair
blanche qui laisse dans la bouche une fraîcheur
délicieuse : c'est l'ananas, le plus parfait des
fruits du Nouveau-Monde. J'étais assez sensuel
pour me réjouir de cette trouvaille, mais trop

raisonnable pour ne pas lui préférer des choses
plus nécessaires dans ma position. En arrivant à
ma demeure, où je trouvai tout dans le plus bel
ordre, j'éprouvai le regret de n'avoir pu y transporter mille objets que j'avais rencontrés dans
mon voyage et dont je sentais toute l'utilité.
J'avais rempli mon sac de filasse que m'avait
fournie le latanier, et je l'avais attaché sur le
dos de Castor; pour moi, j'étais chargé d'un fais-
ceau de cannes à sucre, de noix de coco, et de la
corbeille où j'avais logé mon cher petit perroquet. C'était là tout ce que, faute de moyens de
transport, j'avais pu rapporter de mon expé-
dition.

Oh! combien j'aurais désiré pouvoir fabriquer
une voiture, même des plus primitives! Mais
l'essieu, et surtout les roues, passaient les bornes
de mon industrie, et le métier de charron m'était
entièrement inconnu. J'aurais cependant donné
de bon cœur mes ananas, mes fraises et même
mes cannes à sucre pour la moindre brouette.
Après avoir bien rêvé, je ne trouvai d'autre expédient que de me faire une claie, sur laquelle je
pusse charger les objets que je voulais transporter chez moi. Je sentais que j'aurais beaucoup de
peine à la conduire puisqu'elle serait dépourvue
de roues; mais je me flattai qu'en y attelant mon
chien, et la poussant moi-même par derrière, je
parviendrais à la faire marcher. Je ne voulus pas

différer à en faire l'essai ; je tressai des branches
de saule, et j'en formai une claie de quatre pieds
environ de longueur et de trois de largeur ; je
sciai une planche du premier coffre, et j'en fis de
petites lattes que je clouai dessous pour lui donner plus de force et de solidité. Dans l'intervalle
de mon travail, je commençai à faire usage de
mon filet de pêche ; je pris plusieurs poissons qui
ressemblaient au mulet, et qui, grillés sur le
charbon, étaient d'un fort bon goût. Quand ma
claie fut achevée, l'occasion de m'en servir se pré-
senta fort à propos ; je tuai une assez grosse tortue sur le bord de la mer ; je posai sur la claie et
j'y voulus atteler Castor. Ce ne fut pas sans peine
que j'en vins à bout ; il fut récalcitrant, et chaque
fois que j'essayais de l'attacher, il se débarras-
sait de ses liens par un mouvement brusque et
s'enfuyait bien loin. Je fus obligé de le frapper
pour le rendre plus docile, et je le fis à regret ;
enfin il prit le parti de la soumission ; et, travail-
lant tous deux de concert, nous parvînmes à conduire ma claie jusque dans ma grotte. J'étais
charmé de ce succès, mais je souffrais pour mon
bon camarade, que les cordes dont il était lié
blessaient nécessairement. Pour y remédier,
j'imaginai de lui faire, avec des peaux de bouc,
quelque chose qui ressemblerait au harnais d'un
cheval ; les traits que je fis pour l'attacher étaient
doux, flexibles, et ne pouvaient lui faire aucun

mal; aussi s'y accoutuma-t-il assez facilement.

Le temps s'écoulait en courses et en travaux; je m'aperçus avec beaucoup de joie que trois de mes jeunes chèvres allaient être mères; elles commencèrent à me donner du lait dont j'étais privé depuis longtemps. Mon perroquet, que j'avais nommé Coco, croissait à vue d'œil et prononçait déjà quelques mots ; je le nourrissais de fruits, de bananes et de vin de palmier; il était si familier qu'il me suivait dans toutes mes promenades, perché sur mon épaule et me baisant de temps en temps. Ma taille et mes forces augmentaient étonnamment; je portais des fardeaux que je pouvais à peine remuer l'année précédente, et j'étais obligé de me baisser pour entrer dans ma grotte, dont l'ouverture était d'abord de ma hauteur. Tout cela m'encourageait à former de nouvelles entreprises. Je résolus de faire un jardin tout près de ma demeure, et de rassembler, pour ainsi dire, sous ma main, les arbres, les plantes et les racines qui m'étaient le plus nécessaires ou le plus agréables. Je fis d'abord un enclos, formé de jeunes arbres que je déracinai et transplantai à une petite distance l'un de l'autre; c'étaient des acacias, des sureaux et beaucoup d'autres espèces. L'espace que je laissai entre eux était rempli par des plantes rampantes, qui devaient l'année suivante former une haie impénétrable; je divisai l'espace qu'elle entourait en divers petits carrés, où je cultivai séparément des pommes de terre, des fraises, du riz, et toutes les autres choses qui pouvaient m'être utiles. Ce travail fut long et pénible ; il fallait de grandes courses pour aller chercher des objets éloignés de ma demeure, les y amener au moyen de ma claie, puis semer, planter, arroser, tourner et retourner la terre. Aussi, malgré mes fatigues et mon assiduité au travail, mon jardin ne fut qu'ébauché avant la saison des pluies.

VIII

Mes chèvres avaient mis bas ; je me déterminai à élever les petits et à tuer les plus vieux boucs pour avoir leurs peaux et me nourrir de leur chair pendant l'hiver. J'avais perfectionné la manière de saler et de préparer les viandes pour les conserver ; je ne manquais pas de vases d'écaille ; ainsi je pouvais faire de plus fortes provisions et m'assurer de bons potages pour la mauvaise saison. Je prenais une multitude de petits oiseaux avec des lacets ; je les faisais rôtir à moitié, et je les couvrais de graisse fondue, de sorte que, l'air n'y pouvant pénétrer, ils ne se gâtaient pas ; j'en ai conservé de cette manière pendant près de six mois. Je ne fus pas si heureux dans les essais que je fis pour me procurer de la lumière. La graisse de boucs s'éteignait dans ma lampe, et, de quelque manière que je m'y prisse, je ne pus parvenir à la faire brûler. Cependant la saison pluvieuse approchait; je ne voyais pas sans beaucoup de chagrin qu'il faudrait passer une grande partie des jours dans une triste obscurité. Cette idée accablante pensa me faire perdre courage, et me laisser écouler dans l'inaction le reste des beaux jours. Je me reprochai bientôt cette faiblesse, et, me soumettant à la loi de la nécessité, je me décidai à faire, avant l'hiver, une excursion sur le bord de la grande rivière, que je n'avais pas visitée cette année.

Je partis un matin, après avoir attelé Castor à la claie, qu'il traînait facilement parce qu'elle n'était que très peu chargée. Je marchais gravement, armé de toutes pièces, mon perroquet sur mon épaule, et me regardant comme le maître et le souverain de tout ce que je voyais. Mais que j'aurais volontiers troqué mon empire pour la société d'un homme, pour le bonheur de posséder un ami! Je montai sur une colline, et je découvris une grande plaine fertile, délicieuse, où tout respirait la tranquillité; elle était tapissée d'une herbe haute et du plus beau vert, coupée çà et là de petits bois de palmiers et d'autres arbres inconnus. La rivière, comme un large ruban d'argent, traversait le vallon, et ses bords étaient garnis de roseaux et d'autres plantes aquatiques. J'y descendis avec empressement, je gagnai le

JE PARTIS UN MATIN, APRÈS AVOIR ATTELÉ
CASTOR A LA CLAIE. (P. 106.)

premier bouquet de bois, où je voulais m'arrêter
quelque temps. J'y observai une espéce de palmier que je n'avais encore vu nulle part; il était
infiniment moins élevé que les autres, sa tige
n'ayant guére que la hauteur d'un homme; ce
qui me le fit nommer *palmier-nain*. Il avait des
feuilles épineuses, et son fruit n'était pas plus
gros qu'un œuf de pigeon; je formai le projet
d'arracher les plus jeunes et d'en fortifier ma
haie.

Un joli bosquet de buissons, qui m'était inconnu, attira mon attention; toutes les branches
étaient chargées de baies (1) d'une qualité rare.
J'en voulus cueillir; elles étaient couvertes de
cire qui s'attachait à mes doigts; cette singularité me frappa et me fit tomber dans la rêverie.
« N'y aurait-il pas moyen, me dis-je, de recueillir
assez de cire pour en faire des bougies? Si j'em-
portais chez moi une grande quantité de ces
baies, et que je les fisse bouillir dans l'eau, la
cire s'éléverait sans doute au-dessus, puisque
c'est la propriété de toutes les matiéres grasses.
Si je pouvais une fois la séparer du fruit, j'en
ferais aisément des espéces de chandelles comme

(1) L'arbre à cire, ou miraca, croît dans la Louisiane et la
Caroline. C'est un joli arbrisseau dont les baies contiennent
des noyaux enduits d'une espèce de cire dont les habitants
du pays font de très bonnes bougies.

On appelle baies les fruits mous dont la chair renferme
les graines, comme le lierre, le laurier, etc.

on en fait dans mon pays avec du suif. Allons!
voilà qui vaut bien la peine de retourner dès
aujourd'hui à ma grotte; si je ne réussis pas, je
n'aurai du moins aucun reproche à me faire. » Je
me mis sans tarder à l'ouvrage. Je passai toute
la journée à ramasser des baies, dont je remplis
un sac et une grande corbeille, qui furent mis
sur la claie. Il était fort tard quand j'achevai mon
ouvrage; mais un beau clair de lune favorisait
mon retour, et le vent frais du soir diminuait la
fatigue pour moi et pour mon compagnon de
travail; il traînait courageusement la claie, et je
l'aidai de tout mon pouvoir en la poussant par
derrière. Le babil de Coco m'amusait en chemin.
« Courage, courage, mon petit maître, prononçait-
il distinctement; à la maison; donnez du vin à
Coco. » Puis il sifflait un air que je m'étais plu à
lui apprendre. En arrivant, j'avais grand besoin
de repos : je me couchai après avoir bu une tasse
de lait chaud, très impatient d'être au lendemain.
Aussi le soleil ne me trouva pas dans mon lit.
Mon premier soin fut d'allumer du feu; je mis
les baies dans ma marmite; je les fis cuire doucement, et pendant qu'elles bouillaient, je préparai des mèches. Lorsque je vis paraître au-
dessus de la marmite une belle matière huileuse,
d'un vert clair et d'une odeur agréable, je la levai
avec une coquille creuse, je la mis dans une cuve
d'écaille de tortue, que je posai près du feu pour

l'entretenir liquide. Quand j'eus levé toute la graisse, j'eus une assez grande quantité de cire fondue ; je trempai les mèches l'une après l'autre dans la cire, et je les suspendis ensuite à des branches. Lorsque la cire fut prise autour et refroidie, je les trempai de nouveau et je continuai ainsi jusqu'à ce que mes bougies me parussent assez grosses ; après quoi, je les plaçai dans l'endroit le plus frais de ma grotte, pour les durcir parfaitement avant d'en faire usage. Cependant on se doute bien que j'en voulus essayer dès le soir ; j'en fus extrêmement satisfait. Mes bougies donnaient une lumière douce, qui, en se réfléchissant sur les parois brillantes de la grotte, éclairait tout l'intérieur et me permettait de travailler comme en plein jour. Oh! combien je me trouvai heureux de posséder un si précieux avantage! Je ne regrettai point mes peines ; pour m'en procurer une plus grande quantité, je fis cinq ou six voyages au petit bois de palmiers, et je rapportai tant de baies que j'en tirai plus de cent bougies.

Je vis arriver l'hiver sans le moindre chagrin. Il fut employé, comme le premier, à différents ouvrages, je fis de nouveaux vêtements et j'en perfectionnai la façon ; j'augmentai ma garde-robe d'un bon manteau, dont je voulais me servir lorsque je serais surpris par un orage, ce qui arrivait assez souvent. Je filai beaucoup de ficelles et de petites cordes; c'était une des choses qui m'étaient le plus nécessaires. Ces travaux terminés, j'entrepris de fabriquer un arc. Mon île produisait un bois élastique très propre à mon dessein; après beaucoup d'essais infructueux, je parvins, à force de constance, à faire un arc que je pouvais tendre et détendre facilement. Les flèches me coûtèrent encore plus de temps. J'en fis la pointe d'abord avec des arêtes de poisson; mais ce qui me réussit le mieux, ce furent les épines de ces acacias dont j'ai déjà parlé; elles remplirent parfaitement mes vues. Je finis par un étui de peau, destiné à serrer mes flèches en guise de carquois. Je me promis de m'exercer à tirer de l'arc dès que le retour du beau temps me permettrait de sortir. Si les forces de mon corps étaient en activité, celles de mon esprit n'étaient pas oisives; elles s'augmentaient journellement par la réflexion et par l'étude. Ce dernier mot pourra surprendre mes lecteurs; en effet, que peut-on étudier sans maîtres et sans livres? Mais c'était la nature que j'étudiais; c'est un livre toujours ouvert pour ceux qui veulent y lire. J'examinais soigneusement toutes les productions de mon île; je cherchais à en tirer quelque utilité; je les classais dans ma tête avec un ordre qui m'empêchait de les confondre, quoiqu'elles fussent aussi nombreuses que variées.

Quant à mes réflexions, elles étaient souvent

bien pénibles : plus j'avançais en âge, plus ma
raison se formait, plus je me reprochais mes
torts envers ma mère et l'abandon où je l'avais
laissée. J'étais témoin de la tendresse des mères
pour leurs petits dans les différentes sortes d'animaux dont j'étais entouré ; elles me rappelaient
les soins touchants dont j'avais été l'objet, et que
je n'avais payés que d'ingratitude.

Les pluies avaient duré une quinzaine de jours
de plus que l'année précédente ; mais n'étant
plus dans les ténèbres, ce temps m'avait paru
moins long. Cependant je vis avec grand plaisir
le retour des beaux jours. L'effet qu'avaient produit sur ma plantation les quatre mois et demi
de l'hiver me causa un grand plaisir. Les arbres
avaient considérablement grandi ; les plantes
grimpantes en atteignaient le sommet, et le tout,
lié ensemble, défendait aussi bien mon jardin
qu'un mur en maçonnerie. Tout ce que j'avais
semé ou planté prospérait : le riz était superbe ;
les fraises en fleurs ressemblaient à des flocons
de neige ; les cannes à sucre profitaient à mer-
veille ; tout était riant et animé dans ce joli enclos. Une multitude d'oiseaux, attirés par la fraîcheur du lieu et la nourriture abondante qu'ils y
trouvaient, cherchaient sur les arbres des places
commodes pour y construire leurs nids. Ils dé-
truisaient, il est vrai, une partie de mes grains
et de mes fruits ; mais je prévoyais qu'ils m'en

dédommageraient de plus d'une manière. Leurs
œufs me fourniraient un de mes mets favoris, et
au moyen de mon arc et de mes flèches, je comptais en diminuer assez le nombre pour qu'ils ne
fissent pas grand tort à mes récoltes et qu'ils
fournissent ma cuisine de rôtis délicats. On doit
penser que, pour arriver à ce résultat, je ne né-
gligeais pas de m'exercer à tirer juste ; d'abord
je choisissais un but, et je n'abandonnais la partie que lorsque je l'avais atteint ; lorsque je me
trouvai un peu fort, je m'essayai sur les oiseaux,
et j'acquis enfin tant d'adresse et un coup d'œil
si juste, que je manquais bien rarement l'objet
que j'avais visé. Je trouvais dans cet exercice
non-seulement un surcroît de bonne chère, mais
un amusement singulier. Je me serais reproché
de tuer ces innocentes créatures, si la nécessité
ne m'y eût obligé. Si je n'en avais pas détruit une
grande partie, ils m'auraient épargné le soin de
récolter mon grain et mes fruits, et ne m'auraient
pas laissé de quoi vivre pendant l'hiver.

Pourvu de toutes les nécessités de la vie, je
songeais à me procurer quelques meubles d'agrément. J'avais employé toutes les planches du
coffre ; ainsi je ne pouvais rien faire en bois ; je
voulais cependant avoir un lit de bois couvert en
peau pour me garantir de l'humidité, une table,
une chaise ou un banc pour être assis à mon
aise.

Je fis tout cela en ouvrage de vannier, car, à force d'exercice, j'étais devenu fort habile. Pour composer mon lit, je plantai en terre quatre pieux, que j'enfonçai bien solidement et qui n'avaient pas plus d'un pied de hauteur ; je clouai dessus une forte claie, tressée avec des branches de saule ; je la couvris de trois ou quatre peaux de bouc, qui me composaient un lit très passable. La table fut faite précisément de la même manière, sinon qu'elle formait un carré parfait, tandis que le lit était plus long que large. Je ne me vanterai pas d'avoir gardé les proportions dans tous ces ouvrages, mais je n'y cherchais que l'utilité, et mon but se trouva atteint. J'échouai absolument pour la fabrication d'une chaise, et je fus obligé de me contenter d'un banc ; encore, pour le rendre solide, fus-je contraint de le fixer à une place : ce fut devant ma table que je l'établis ; mais n'ayant pu le rendre portatif, j'en fis trois autres, que je distribuai dans différents endroits de ma grotte.

IX

Si mes lecteurs ont observé la manière dont je vivais et mes différents genres d'occupations, ils ont dû remarquer qu'elles étaient beaucoup plus multipliées à l'approche de l'hiver. Il fallut faire

mes récoltes, préparer des salaisons, rassembler
des matériaux pour travailler, m'approvisionner
de bois sec, pourvoir à la subsistance de mon
troupeau en amassant une grande quantité d'herbe,
la faisant sécher au soleil, et la tournant et retour-
nant jusqu'à ce qu'il en eût pompé toute l'humidité. C'était au commencement de la belle saison
que je jouissais d'une plus grande liberté, et c'é-
tait aussi le temps que je choisissais pour mes
grandes excursions. Il faut convenir que j'étais
possédé de la manie des voyages ; j'avais à peu
près tout ce que je pouvais désirer, mais je n'avais
pas le bon sens de m'en contenter ; je voulais
toujours découvrir de nouvelles contrées et agrandir mon domaine. Pourquoi faut-il que l'homme,
à qui si peu de chose est nécessaire pour satisfaire ses véritables besoins, soit insatiable dans
ses désirs, et détruise souvent son bonheur en
voulant y ajouter ? Tout enfant que j'étais, je par-
ticipais à cette folie de l'esprit humain. J'avais
déjà parcouru une grande partie des côtes de
mon île, mais je m'étais peu enfoncé dans l'intérieur ; j'avais le plus vif désir d'y pénétrer, et j'é-
tais bien persuadé que j'y trouverais des choses
dignes de ma curiosité et propres à augmenter
mes richesses. Comme c'était seulement un
voyage d'observation, je ne voulus point m'em-
barrasser d'une claie, qui aurait retardé ma
marche et qui m'aurait fatigué moi et mon chien.

Je chargeai seulement Castor de deux sacs roulés
et de mon manteau. Pour moi, je m'armai d'une
hache, d'une scie, de mon arc et de mes flèches ;
je portai aussi une espèce de gibecière que je
m'étais faite depuis peu de temps. N'ayant pas à
redouter les voleurs, je laissai ouverte la porte de
ma grotte afin que mes chèvres pussent aller
paître dans les champs, bien sûr que le soir elles
reviendraient d'elles-mêmes dans leur asile. Mon
ardin fut exactement fermé, afin que mes animaux n'y commissent point de désordre.

Je partis enfin, le cœur plein de joie et d'espérance. Castor, qui partageait mes goûts vaga-
bonds, me précédait gaîment, et Coco babillait à
m'en étourdir les oreilles. Après avoir traversé
la grande plaine jusqu'à la rivière qui la partageait dans toute sa longueur, je côtoyai le rivage,
et je trouvai un endroit où l'eau était si basse,
que je passai de l'autre côté, n'en ayant que jusqu'à la ceinture. Je m'avançai dans le pays, orné
d'espace en espace de citronniers en fleurs qui
exhalaient une odeur suave dont l'air était em-
baumé. A la suite d'un terrain plat et fort étendu,
j'aperçus une épaisse forêt, vers laquelle je me
dirigeai ; les arbres nouveaux avaient un grand
attrait pour moi, ayant souvent éprouvé combien
on en peut tirer de choses utiles. J'y arrivai au
moment où la grande chaleur me faisait désirer
un ombrage salutaire. J'y fis un repas de pommes

de terre et de quelques oiseaux rôtis que j'avais emportés, et après avoir pris quelques heures de repos, je m'enfonçai dans la forêt. J'étais fort altéré, n'ayant point trouvé d'eau depuis que je m'étais éloigné de la rivière. Je vis un massif de cocotiers, et je me disposais à grimper sur un de ces arbres et à cueillir quelques cocos pour en boire le lait; mais je fus aussi surpris qu'effrayé de voir tomber une grande quantité de ces fruits, qui paraissaient lancés du haut de l'arbre et dirigés contre moi. J'eus bien de la peine à m'en garantir, ainsi que Castor, qui se mit à aboyer de toutes ses forces. Je cherchais vainement à découvrir l'ennemi caché qui m'attaquait si soudainement; je voyais le feuillage agité, mais son épaisseur m'empêchait de rien découvrir. Enfin j'aperçus un singe qui sautait d'un arbre à l'autre, il descendit le long du tronc et s'accroupit au pied, en me regardant et faisant de laides grimaces. Castor, voyant la méchante bête à sa portée, sauta sur elle et l'étrangla en un clin d'œil. Aussitôt une douzaine de ces animaux descendirent des cocotiers en poussant des cris aigus, et vinrent à nous d'un air menaçant; j'animai mon compagnon à les attaquer, et, pour le seconder, je bandai mon arc, et je tirai si juste que j'en blessai un. Voyant ensuite qu'ils environnaient mon chien et qu'il avait bien de la peine à s'en défendre, je tombai sur eux à coups de hache, et j'en tuai quelques-uns. Les autres, épouvantés, prirent la fuite en redoublant leurs cris, et nous restâmes maîtres du champ de bataille et des armes des vaincus, c'est-à-dire d'une vingtaine de noix de coco qu'ils nous avaient lancées.

La rencontre de ces singes me surprit d'autant plus que depuis deux ans que j'habitais cette île, je n'y avais vu que des chèvres et quelques agoutis. Je pensai que la forêt pouvait servir de retraite à d'autres animaux plus dangereux; pour les éloigner, je fis un grand feu à l'approche de la nuit. Après avoir soupé avec des noix de coco, je montai sur un chêne et m'y arrangeai pour prendre du repos. Je posai mon perroquet sur une des branches, et je m'endormis profondément. Je fus réveillé par le bruit du tonnerre et par les éclairs qui sillonnaient les nues. Tout annonçait un violent orage; s'il tombait une pluie abondante, je n'avais pour m'en préserver que le feuillage d'un arbre qui serait bientôt percé. Je m'enveloppai de mon mieux dans mon manteau; je mis Coco dans mon sein, où il s'agitait étrangement, tout épouvanté de la tempête. J'attendis dans cette situation l'inondation que je prévoyais; mais un vent impétueux s'éleva tout à coup et chassa au loin les nuages. Je ne savais si je devais m'en réjouir; tous les arbres de la forêt étaient ébranlés, et celui qui me servait d'asile éprouvait de terribles secousses. A ce sujet de frayeur se joignait un bruit affreux, continuel, et si étrange, que je n'en pouvais démêler la cause; il redoublait à chaque coup de vent, et je pense que l'homme le plus hardi n'eût pu l'entendre sans émotion. Mon perroquet criait et se débattait sur ma poitrine. Castor, au pied de l'arbre, poussait des hurlements; et leur maître, cramponné aux plus fortes branches, attendait en tremblant ce que le Ciel ordonnerait de son sort. Combien cette nuit me parut longue, surtout à cause de ce bruit insupportable qui m'assourdissait et me pénétrait de crainte! Enfin le jour parut. Dès que je pus distinguer les objets, je portai mes regards de tous les côtés; je vis à quelque distance de moi un groupe d'arbres qui ressemblaient à des noyers; leur sommet était couvert de longs étuis d'un brun foncé et d'un bois si dur que, s'entrechoquant par la force du vent, ils produisaient le vacarme qui m'avait effrayé. Naturellement hardi, j'eus honte de la peur que j'avais éprouvée, et je demeurai convaincu que les choses qui nous épouvantent quand nous en ignorons la cause n'ont le plus souvent rien de dangereux. Je fus curieux d'examiner de plus près ces fruits si bruyants. Le vent commençait à se calmer; je grimpai sur un de ces arbres, et j'en détachai quelques-uns de ces étuis. Je reconnus aussitôt que c'était de la casse, et je me rappelai en avoir souvent mangé dans

ma première enfance. La gousse, fort allongée et
dure comme du fer, est divisée en petites cellules
qui renferment une espèce de confiture noire et
une amande qui est la graine de l'arbre. Je me
promis bien de n'avoir désormais pas plus peur
du bruit que de l'obscurité, l'un et l'autre n'étant
point à craindre par eux-mêmes.

Mes deux compagnons de voyage se dédom-
mageaient des fatigues de la nuit, l'un en dévo-
rant le corps d'un des singes que nous avions
tués, l'autre en grignotant l'amande d'un coco.
Quant à moi, je ne désirais rien tant que de trouver de l'eau. Je marchai plus de deux heures sans
en rencontrer; mais le terrain, s'abaissant tout à
coup, fit renaître mes espérances. Je descendis
dans un charmant vallon, d'une verdure si fraîche, qu'elle annonçait le voisinage de quelque
source. Bientôt le bruit le plus flatteur vint frapper mon oreille; c'était celui d'une cascade qui
tombait d'un rocher de plusieurs mètres d'élévation dans un bassin formé par la nature, et se
divisait en filets d'eau imperceptibles.

Après avoir étanché ma soif, je songeai à renouveler mes provisions. Je tuai plusieurs oiseaux;
ils étaient si nombreux dans cet endroit, que ma
chasse fut très bonne. Je trouvai aussi beaucoup
de bananes. Je fis cuire mon dîner, et le mangeai
sur le bord du bassin, dont le site était le plus
enchanteur que j'aie vu de ma vie. La forêt s'y

éclaircissait, mais elle l'environnait de toutes parts, et ce magnifique salon de verdure semblait un séjour séparé du reste du monde par d'épaisses murailles de bois, que les rayons du soleil ne pouvaient pénétrer. Aussi, malgré l'agrément du lieu, je ne pus me défendre de quelque inquiétude sur la difficulté de sortir de cette forêt dont je ne pouvais entrevoir les limites. Cependant, trop de prévoyance n'est pas le défaut des enfants; aussi cette idée fut bientôt chassée par une autre; et, la grande chaleur passée, je continuai gaîment mon voyage.

Je marchai pendant quatre jours sans rencontrer d'objets nouveaux dignes de mon attention; mais le cinquième, je me trouvai sous des arbres d'une prodigieuse élévation et qui m'étaient totalement inconnus.

Il en roulait une grande quantité de gomme; je m'avisai d'y goûter, et je la trouvai d'un goût délicieux. Ma vue se porta sur le sommet d'un de ces arbres; je fus saisi d'étonnement en apercevant une espèce de chaumière couverte d'un toit, et qui paraissait très spacieuse. Etait-ce l'ouvrage des hommes? Quels étaient ces habitants inconnus de mon île? N'étais-je pas menacé de quelque danger? Après m'être fait toutes ces questions, je restai indécis, ne pouvant deviner quelle sorte de créature avait choisi une semblable habitation. Enfin, la curiosité m'emporta sur

la crainte vague qui me retenait, mais le tronc
de l'arbre était si gros et si glissant que je re-
tombai plusieurs fois à terre. Je me débarrassai
de tout ce qui pouvait me gêner et ne conservai
que ma hache pour me défendre en cas d'attaque;
enfin, avec des peines incroyables, je parvins au
faîte de l'arbre. L'édifice aérien était abandonné
et en partie détruit par le temps; de grands
trous au toit me permettaient de voir tout l'intérieur; c'était une suite de pieux alignés à cinquante centimètres l'un de l'autre sur deux rangs;
il y avait plusieurs entrées dont chacune formait
une rue. Ces bâtiments étaient composés d'herbes artistement arrangées, et le toit couvrait
tellement le tout, qu'aucun animal n'y pouvait
pénétrer. Quelques coquilles d'œufs cassés me
prouvèrent que c'était là l'ouvrage d'une espèce
d'oiseau vivant en société comme les abeilles.
Pour donner à mes lecteurs la facilité de consul-
ter les Dictionnaires d'histoire naturelle sur ce
singulier phénomène, je leur dirai ce que j'ai
appris depuis : que l'arbre où j'étais monté est
le mimosa, et que l'oiseau qui construit ces
nids si curieux se nomme le loxia. Ce spectacle
extraordinaire me fit faire de tristes réflexions.
Je songeais à la solitude dans laquelle je vivais
depuis si longtemps et dont rien ne semblait devoir jamais m'annoncer la fin.

Je descendis, livré à la plus sombre mélancolie;

les caresses de Castor et celles de mon perroquet
y firent quelque diversion. « D'où viens-tu, Félix!
me répétait celui-ci, donne du vin à Coco, baise
Coco. »

Je commençais à m'ennuyer d'errer dans cette
forêt, et à désirer revoir la mer et retrouver mon
habitation; mais plus j'avançais, plus je rencon-
trais d'obstacles; l'aspect était tout à fait changé
et ne m'offrait plus rien d'agréable. Au lieu de ces
beaux arbres chargés de fruits qui me fournis-
saient la nourriture et le rafraîchissement, je ne
voyais que des sapins ou d'autres arbres stériles.
Ils étaient très rapprochés et entourés d'une si
grande quantité de ronces, de lianes, et de toutes
sortes de plantes épineuses, que ce n'était qu'à
coups de hache que je pouvais m'ouvrir un chemin. Les vivres me manquaient souvent; les
oiseaux fréquentaient peu ces lieux arides, où je
marchais quelquefois un jour entier sans trouver
un filet d'eau. Plus de citrons, de noix de coco,
de glands doux; rien que des racines dures et
amères, que je mangeais quand j'étais pressé par
la faim.

Le désir et l'espoir de trouver une issue et de
sortir d'un lieu qui me semblait une vaste prison
soutenaient seuls mon courage. Cependant ma
situation devenait de jour en jour plus pénible;
j'étais parvenu à un endroit si fourré, qu'il eût
fallu des compagnies de sapeurs pour y faire un

passage. Ma hache, tout émoussée, ne me rendait que peu de services, mes jambes étaient ensanglantées par des épines, et mes sandales, usées à force de marcher, ne préservaient plus mes pieds des blessures.

Tant de circonstances cruelles abattirent mes forces; je me laissai tomber sur la terre, et je versai un torrent de larmes. Combien je regrettais de m'être si fort éloigné de ma demeure, d'avoir perdu de vue les côtes de la mer et de m'être engagé dans cette forêt ténébreuse, au lieu de rester tranquillement dans ma riante et commode habitation! Allais-je donc périr misérablement au milieu de cette forêt, victime de ma curiosité et de mon imprudence; mais, depuis longtemps, l'expérience m'avait appris que tout découragement était inutile, et que je ne pouvais que compter sur mes forces et mon énergie. Castor, qui rôdait partout, dévoré par la faim, traîna à mes pieds un animal qui m'était inconnu, et dont il avait mangé la tête, je le lui arrachai et le dépouillai en un moment; des branches sèches et résineuses s'allumèrent encore trop lentement au gré de mon impatience; l'animal fut grillé, et j'en mangeai une partie avant qu'il fût tout à fait cuit. Un peu restauré par cette nourriture, je réfléchis plus tranquillement sur ma situation. Voyant qu'il était impossible de pénétrer plus avant, je songeai à retourner sur mes pas; mais l'entreprise était bien difficile; les routes, croisées et recroisées, ne pouvaient se reconnaître; je parcourais toujours des endroits nouveaux et ne retrouvais point ceux où j'avais déjà passé. En vain je cherchais la cascade et le vallon charmant qui m'avait paru si agréable, je n'en voyais nulle trace; tous mes efforts ne servaient qu'à m'égarer de plus en plus. Pour comble de malheur le temps se mit à l'orage : la pluie tombait par torrents, la grêle lui succédait, et je n'avais pour me garantir que des arbres dont le feuillage, bientôt imprégné d'eau, la versait sur moi avec encore plus d'abondance. Dans cette extrémité j'allais m'abandonner au découragement, lorsque les aboiements de Castor m'attirèrent près d'un rocher où je découvris une ouverture fort basse. Dans la position où j'étais, rien ne pouvait m'effrayer; je m'y glissai avec peine, et vis une profonde caverne où quelques rayons du jour pénétraient par en haut. Après avoir marché quelque temps, je trouvai une chambre assez grande; il y avait au milieu une espèce de bière ouverte, faite avec des bâtons qui se croisaient, et soutenue par des appuis d'environ la hauteur d'un homme. Je grimpai sur l'un d'eux pour examiner la bière; elle était remplie d'ossements humains presque réduits en poussière; deux têtes seulement étaient encore entières. Au pied des débris étaient un arc et des flèches, un sabre d'un bois extrêmement dur, et plusieurs calebasses vides. Je demeurai immobile d'étonnement; je ne pouvais deviner comment ces restes de corps humains se trouvaient dans cet endroit. Après y avoir pensé, je me persuadai qu'autrefois l'île où j'étais avait été habitée; que les insulaires avaient choisi cette caverne pour la sépulture de leurs morts, mais que quelque événement les avait détruits ou forcés de quitter l'île, et cela depuis un grand nombre d'années. Ce lieu, tout affreux qu'il était, me parut un asile inespéré; dans ma situation, c'était un bonheur d'avoir un abri contre les injures du temps. Je m'occupai d'abord à nettoyer la caverne, je fis du feu pour purifier l'air. L'arc que j'avais trouvé sur le tombeau était plus fort et mieux fait que le mien; le sabre était aussi tranchant que si la lame eût été d'acier, mais l'un et l'autre étaient trop pesants pour que je pusse en faire usage; je résolus de les garder jusqu'au moment où l'accroissement de mes ferces me permettrait de m'en servir.

La nuit suivante j'eus le plaisir de dormir étendu sur un bon lit de mousse; il y avait à peu près trois mois que ma vie errante me privait de cet avantage; cependant je dormis peu, mon esprit était trop agité. « Suis-je destiné, me disais-je, à rester enfermé dans ce lieu sauvage? Si l'hiver m'y surprend, je dois m'attendre à périr

de misère. Puisque, dans cette saison, je trouve
à peine de quoi me nourrir, que sera-ce quand les
pluies m'empêcheront de sortir? Il faut que je
sorte de cette forêt et que je retrouve mon habitation avant le commencement des pluies. Ni
peines ni fatigues ne doivent m'arrêter, puisqu'il
s'agit de ma vie. »

Dès que le jour parut, je songeai à ce qui pouvait faciliter ma marche. J'employai la peau de
l'animal que Castor avait tué à me faire une nouvelle chaussure; je la mis en double pour qu'elle
résistât plus longtemps. Je liai sur le dos de mon
chien le sabre, l'arc et les flèches des sauvages,
et je partis, déterminé à vaincre tous les obstacles pour retrouver ma demeure.

X

J'abandonnai sans regret la caverne de la Mort :
elle était si triste et si sombre ! elle ne m'offrait
d'autre avantage que d'être garanti d'une inondation. Tous mes désirs se tournaient vers ma
chère grotte, mon jardin et mon troupeau. Depuis
que je m'étais égaré, je n'avais guère pu calculer
le temps ; mais je pensais, avec raison, qu'il ne
m'en restait pas trop pour faire mes récoltes et
mes provisions d'hiver. Tout en réfléchissant,
j'avançais avec courage, coupant et tranchant
tout ce qui s'opposait à ma marche. Le murmure

d'un ruisseau me donna quelque espérance : je l'entendais sans le voir : je le découvris enfin, et la route, le long de ses bords, me parut moins difficile. Voici le raisonnement que je fis : « Ce ruisseau prend sa source dans quelque montagne : je n'ai qu'à le remonter, j'y arriverai nécessairement. Si elle est dans la forêt même, je monterai jusqu'au sommet et sur le faîte des plus grands arbres qui s'y trouveront : de là je découvrirai les lieux environnants et le chemin que je dois prendre. Il est même possible que ce ruisseau me conduise hors de la forêt. »

Il fallait de la constance pour suivre ce projet : je marchai quatre jours sans que rien justifiât mon espoir, vivant de quelques racines, ou plutôt mourant de faim. Mon pauvre Castor était, ainsi que moi, exténué de besoin, et je me vis près de perdre mon perroquet : heureusement qu'il se trouva sur les buissons un petit fruit noir, assez ressemblant au cassis, dont il se régala, quoique son âcreté ne me permît pas d'en manger.

Le cinquième jour la forêt s'éclaircit ; les arbres, moins serrés, me permirent de voir assez loin devant moi : j'en retrouvai de quelques espèces que je connaissais. Bientôt je revis des chênes, et les glands doux me fournirent un repas supportable.

Enfin mon bienfaisant ruisseau me conduisit sur la lisière de la forêt, et, en portant mes regards de tous côtés, j'aperçus, avec autant de surprise que de ravissement, la même montagne que j'avais déjà gravie et que je reconnus parfaitement. Un homme enfermé au fond d'un cachot où il attend l'arrêt de sa mort n'est pas plus transporté quand on lui annonce qu'il est libre, que je ne le fus dans cet heureux instant. J'oubliai toutes mes peines passées, et je ne sentis que le bonheur présent.

La montagne se présentait ici sous un aspect différent de celui qu'elle offrait du côté que j'avais exploré; une espèce de sentier permettait de la gravir avec facilité, mais la fatigue m'obligea d'attendre au lendemain. Quelques patates que j'eus le bonheur de trouver réparèrent un peu mes forces, et je passai la nuit sur un arbre au pied de la montagne.

Le lendemain, après avoir atteint le sommet désiré, je descendis dans le vallon et je pris la route de mon habitation; elle m'offrait à chaque pas tous les soulagements que je pouvais désirer, mais l'envie d'arriver ne me permettait guère d'en user. Malgré mon impatience, la nuit me surprit à une assez grande distance de ma demeure, et je fus encore obligé de la passer à la belle étoile.

Enfin je touche au terme de mon voyage. J'aperçois les arbres de mon enclos; des larmes de joie roulent dans mes yeux; j'entends les bêlements de mes chèvres; je cours à elles; je caresse ces chers animaux, dont je me promets bien de ne plus m'éloigner. Mon troupeau était augmenté de quatre chevreaux que les mères nourrissaient, ce qui me promettait du lait en abondance et me donnait le moyen de tuer de vieilles bêtes pour la provision de l'hiver. J'avais aussi un grand besoin d'aliments sains et restaurants; j'étais d'une maigreur excessive et mes forces étaient épuisées. Je donnai le reste de la journée au repos; je ne pris d'autre soin que de traire mes chèvres; un bon plat de riz au lait me parut le mets le plus délicieux, après le jeûne forcé que je venais de faire.

Ah! qu'il fait bon chez soi! La plus misérable retraite a toujours quelque charme pour son possesseur; la mienne était mon ouvrage; je devais à mon travail, à mon industrie, les commodités qui s'y trouvaient; aussi m'était-elle doublement chère. Je compterai toujours pour un de mes plus heureux jours celui où je m'y retrouvai après avoir craint de ne jamais la revoir.

Je me voyais surchargé d'occupations si je voulais me préparer des ressources pour la saison pluvieuse. Je crus que je devais commencer par réparer mes forces. Je tuai successivement trois boucs et deux chèvres qui me fournirent de bon bouillon, et je m'occupai de les saler. Mon camarade, qui, comme le chien de La Fontaine, n'avait

que les os et la peau, se refit bientôt par cette
nourriture solide, et les traces de nos fatigues
s'effacèrent peu à peu. Je n'avais que très peu de
riz à recueillir, les oiseaux s'en étaient donné à
cœur-joie pendant mon absence; personne n'était
là pour arrêter leur brigandage. J'en tuai quelques-uns qui s'étaient si fort engraissés à mes
dépens, que ce fut un manger délicieux. Ma récolte de pommes de terre fut très bonne et me
dédommagea de la privation du riz.

L'hiver se passa comme les précédents, seulement mes réflexions furent plus sérieuses; j'avais
près de seize ans et je commençais à m'occuper
de mon avenir. Je songeai, pour la première fois,
que le même événement qui m'avait jeté sur cette
côte déserte pouvait y amener un autre vaisseau,
et qu'il était possible que je retournasse un jour
parmi les hommes. Mes yeux se mouillèrent de
larmes à cette douce idée; rejoindre ma mère
était mon premier désir; vivre dans la société de
mes semblables était le second. Mon imagination
s'arrêta longtemps sur cette idée, mais le peu
d'apparence que mon sort pût changer ne tarda
pas à s'offrir à mon esprit et m'accabla de tristesse. Un jour, je m'écriai : « Ah! que je suis
malheureux ! » Dans cet instant je me rappelle
la forêt ténébreuse; je me représente quelle eût
été ma situation si j'avais passé la mauvaise
saison, n'ayant pour abri qu'une affreuse caverne,

privé de lumière, et mourant sans doute dans les horreurs de la faim. Je jette ensuite les yeux autour de moi; je considère ma demeure spacieuse, commode et pourvue de tout ce qui m'était nécessaire; mon chien, couché à mes pieds, me flatte et me caresse; mon perroquet, placé sur ma table, m'amuse par son babil; le bêlement de mes chèvres m'avertit qu'il est temps de les débarrasser du poids incommode de leur lait et qu'elles vont me donner le plus doux des aliments. Je sens alors bien vivement combien je suis heureux.

Pour éviter le retour de ces accès de tristesse que je me reprochais, je pris la résolution de détourner mes pensées de moi-même et de chercher encore dans mes souvenirs de quoi occuper mon esprit, qui ne pouvait rester oisif; j'y réussis assez bien pour retrouver toute ma gaieté; une certaine satisfaction intérieure fut le prix de cet effort.

Voilà le troisième hiver, passé dans ma grotte, qui vient de finir; la chaleur du soleil ranime toute la nature; les arbres sont couverts de fleurs; les oiseaux célèbrent le retour du beau temps, et les solitaires habitants de la caverne vont jouir des biens qu'il leur promet. Dès mes premières sorties, j'eus lieu de me convaincre de l'étonnante augmentation de mes forces. L'arc et le sabre que j'avais trouvés dans la sépulture des sauvages n'étaient plus trop pesants pour mes bras robustes; ma taille était haute, mes membres nerveux, et peu d'hommes à dix-huit ans sont formés comme je l'étais à seize. En côtoyant le rivage de la mer, je trouvai une tortue; au lieu de la dépecer dans l'endroit même, comme c'était mon habitude, je la chargeai sur mes épaules et la portai dans ma grotte.

Je n'étais pas d'humeur à négliger ce nouvel avantage; ces forces que je devais au travail et à l'activité me donnaient les moyens d'entreprendre des ouvrages plus difficiles. Je pouvais me servir des outils que trois ans auparavant je ne pouvais seulement pas remuer. Je commençai par agrandir ma caverne, où je me trouvais à l'étroit; je l'augmentai d'une espèce de magasin pour serrer mes provisions, et l'endroit jusqu'alors destiné à cet usage fut transformé en une salle fort grande où je pratiquai deux fenêtres, de manière que ce fut le mieux éclairé de mes appartements.

J'étendis aussi mon enclos; je rassemblai dans mon jardin toutes les plantes utiles, éparses dans les différents cantons de l'île; l'expérience m'avait appris à les améliorer par la culture. Les fruits acquirent un goût plus fin et les racines devinrent plus savoureuses.

Ces travaux achevés, je m'occupai de nouvelles excursions; mais je me promis bien de ne jamais

perdre de vue les côtes de la mer et de ne visiter
dans l'intérieur que les lieux qui m'étaient fami-
liers. La curiosité de voir des objets nouveaux
cédait à la prudence et au terrible souvenir de la
forêt ténébreuse.

J'étais parti de grand matin et je côtoyais le
rivage en marchant vers le nord, lorsque le spectacle le plus inattendu me fit arrêter tout court et
me causa une extrême agitation. Plusieurs canots
passèrent, sous mes yeux, assez près de terre;
ils étaient fort petits, et montés chacun par deux
ou trois hommes couleur de bronze et presque
nus; ils donnaient de grandes marques de frayeur
et faisaient force de rames pour s'éloigner, comme
s'ils étaient poursuivis. La crainte d'en être aperçu
me fit cacher derrière un buisson. Cette précaution était peu nécessaire; les pauvres gens ne
songeaient qu'à échapper au péril qui les me-
naçait. Les premiers canots éloignés, je fus quelques minutes sans rien voir; enfin j'en aperçus
encore trois. Les deux premiers volaient sur les
ondes; le troisième, conduit sans doute par de
plus faibles bras, était de beaucoup en arrière.
J'aperçus alors deux énormes poissons, ou plutôt
deux monstres, qui poursuivaient ces malheureux;
ils atteignent le dernier canot, où il n'y avait que
deux personnes, le renversent, et, saisissant leur
proie, ils disparaissent avec elle.

Saisi d'horreur et de pitié, je restai immobile;

une sueur froide coulait de mon front, tous mes membres étaient agités de mouvements convulsifs, et je tombai contre terre dans un état impossible à décrire.

Lorsque j'eus repris mes sens, je me levai et m'avançai sur le bord de la mer ; je vis le canot renversé, flottant au gré des vagues. Mais un autre objet fixa bientôt mes regards ; la marée montante le portait sur la rive, et, sans savoir ce que ce pouvait être, je sentis le plus vif désir de m'en instruire. Il avançait insensiblement. Mon cœur, qui battait avec force, semblait m'annoncer quelque heureux événement. Je saisis une longue perche, et, accrochant l'objet de mes désirs, je le tirai adroitement sur le sable ; c'était une corbeille d'un tissu si fin et si serré, que l'eau n'y pouvait pénétrer. Un enfant y dormait paisiblement ; son teint était basané et il paraissait avoir environ une année. On peut se représenter mon extrême surprise ; mais rien ne peut donner l'idée de l'excès de ma joie.

L'innocente créature ouvrit les yeux et me sourit ; je la couvris de baisers. Un moment après, l'enfant se mit à crier ; je pensai qu'il avait faim ou soif. Je ne manquais pas de nourrices, mais il fallait regagner ma demeure, et j'avais au moins une heure de chemin à faire pour m'y rendre. J'avais emporté du vin de palmier dans une calebasse ; j'apaisai l'enfant en lui en faisant avaler

quelques gouttes. Il se rendormit, et, chargeant
la corbeille sur mon dos, je repris le chemin de
ma grotte. Mon esprit était rempli de mille projets, qui tous avaient rapport à mon enfant, et
dans une telle confusion d'idées que je ne pouvais
les débrouiller.

A mon arrivée, je choisis la plus belle de mes
chèvres laitières; je posai le petit garçon près
d'elle. Il saisit avidement une de ses mamelles;
pendant qu'il tétait, je caressais le docile animal,
qui se prêtait de bonne grâce au service que j'en
attendais. Bientôt la chèvre s'attacha à son nour-
risson; elle venait elle-même le chercher aux
heures où elle avait coutume de lui donner son
lait.

Lorsque j'eus pourvu au besoin de mon enfant,
je me livrai à mes réflexions; je sentais le besoin
de me calmer et de me recueillir. « Enfin, me
disais-je, voilà une société que le Ciel m'envoie;
je vais nourrir, soigner, instruire ce cher petit;
il me sera attaché par les liens de l'amitié et de la
reconnaissance; j'entendrai sa douce voix répondre à la mienne; je l'aimerai, il m'aimera; bonheur que je n'eusse jamais osé espérer!

» Je ne travaillerai plus pour moi seul, et mes
travaux en deviendront cent fois plus intéressants.
Il faut un berceau commode pour mon cher Tomy,
c'est le nom que je veux lui donner; j'ai assez de

saule et d'osier pour le tresser; dès demain je m'en occuperai. »

Je passai la soirée la plus agréable; mon enfant, sur mes genoux, jouait avec les boucles de mes cheveux. J'appelai Castor pour lui faire faire connaissance avec lui; il se montra d'abord un peu jaloux; mais, en partageant mes caresses, je parvins à lui faire lécher les mains et le visage de l'enfant. Pour Coco, il paraissait charmé de l'augmentation de la famille et caquetait à nous étourdir. J'avoue que les mots qu'il prononçait ne me faisaient plus le même plaisir; j'aspirais à entendre parler Tomy; enfin j'avais un compagnon, un être humain qui partagerait ma solitude. Je ne me sentais plus de joie : ma vie me semblait toute changée, désormais je ne vivrai plus pour moi seul.

XI

On pense bien qu'à mon réveil ma première pensée fut pour Tomy; son sommeil était paisible et le sourire était sur ses lèvres. Je ne pouvais me lasser de le contempler; je songeais à l'horrible catastrophe qui l'avait rendu orphelin, et je me faisais un bonheur de remplacer auprès de lui ses parents que les monstres avaient dévorés.

Tomy s'éveilla. La chèvre accourut à ses cris; quand il eut satisfait son premier besoin, je m'oc-

MON ENFANT JOUAIT AVEC LES BOUCLES DE MES
CHEVEUX (P. 136.)

cupai des soins qu'exigeaient la propreté et la
santé de mon enfant. Je le plongeai dans une eau
pure que j'avais exposée la veille à l'ardeur du
soleil, une écaille de tortue fut sa baignoire. J'a-
vais fait plusieurs nattes qui me servaient à différents usages; j'en étendis une sur la terre : j'y
posai Tomy, qui commença à se rouler et à exercer ses forces naissantes. Il essayait de se lever
et retombait aussitôt; tous ses mouvements me
semblaient avoir une grâce particulière; je le
contemplai avec délices. Castor vint partager ses
jeux, et rendre ce spectacle encore plus intéres-
sant; le bon animal paraissait craindre de blesser
son petit camarade, et ses précautions ne me
laissaient aucune inquiétude.

Cependant je travaillai au berceau de mon enfant; j'y mis plus de soins qu'à tous mes autres
ouvrages. Quand il fut achevé, je le garnis de
peau en dedans, puis j'y mis un matelas de
mousse sèche. Il fut placé près de mon lit, et
l'enfant s'y trouva si bien qu'il s'endormit profondément. En le voyant aussi fort, je pensai
qu'il devait avoir besoin d'une nourriture plus
solide que le lait de la chèvre. J'avais vu souvent
les femmes de mon pays faire de la bouillie à
leurs nourrissons : rien ne m'était plus facile,
puisque j'avais du lait et du riz. Je résolus do
réserver le peu qui m'en restait pour mon enfant,
et de m'en priver jusqu'à la récolte.

7

Obligé de faire une guerre continuelle aux voleurs de mon bien, je ne vivais guère alors que de petits oiseaux que je tuais à coups de flèches, ou que je prenais avec des lacets; je profitais pour la chasse des moments où je voyais mon enfant endormi; à mon retour je lui apportais quelques fruits. Déjà il me reconnaissait et me tendait ses petits bras, dès que j'entrais dans la grotte. Je lui parlais sans cesse; je savais bien qu'il ne comprenait pas; mais je pensais que, pour lui apprendre à parler, je devais lui prononcer souvent les mêmes mots. Coco avait appris bien vite son nom, et il appelait Tomy du matin au soir.

Tous les jours, lorsque la chaleur était passée, je prenais dans mes bras mon petit garçon, et je me promenais le long du rivage; puis je m'asseyais sur un quartier de rocher. J'imaginais quelques jeux pour amuser mon cher enfant et pour le faire rire, ce qui était toujours pour moi un plaisir nouveau.

Dans les premiers temps, ivre de mon bonheur, toutes mes idées s'étaient concentrées sur l'objet de ma tendre affection et de mes plus douces espérances. Je vivais dans le présent et dans l'avenir; le passé semblait effacé de ma mémoire. Un soir cependant que je considérais la mer, unie alors comme une glace, je me rappelai l'apparition des canots pleins de sauvages, et je cherchai

à m'en rendre raison. Depuis environ quatre ans
que je vivais dans cette île, c'était la première
fois que j'en avais aperçu ; j'en conclus qu'elle ne
leur était pas connue, et que le hasard, ou quelque circonstance que je ne pouvais deviner, les
avait amenés de ce côté. Je savais, par les récits
des matelots, qu'on trouve, parmi les sauvages,
quelques nations à qui l'humanité n'est pas étran-
gère, qui pratiquent l'hospitalité, plaignent et
secourent les malheureux ; mais je me souvenais
aussi qu'il en existait d'autres dont la plus atroce
barbarie formait le caractère, et que les infortunés
qui tombaient entre leurs mains ne devaient s'attendre qu'à une mort cruelle. Je frémis en songeant que ceux que j'avais vus étaient peut-être
de ces derniers, qu'ils pouvaient avoir remarqué
mon île et y descendre quelque jour. « S'ils allaient m'enlever mon enfant! pensais-je. Quand
je pourrais moi-même leur échapper, vivrais-je
heureux, si j'en étais privé ? » Cette crainte fit
une telle impression sur mon esprit, que je fus
tenté d'abandonner ma demeure et de m'enfoncer
dans les terres ; mais un pays découvert ne me
paraissait pas encore une retraite assez sûre pour
cacher mon trésor. La forêt noire était le seul
asile où j'étais certain que les sauvages ne péné-
treraient pas. La caverne de la Mort ne me paraissait plus si affreuse, puisqu'elle pouvait dérober mon enfant à toutes leurs recherches ; mais

comment l'y nourrirais-je, puisque j'avais manqué moi-même y mourir de faim? Cette idée et
beaucoup d'autres me détournèrent de mon extra-
vagant projet. Je ne voulus pas priver mon cher
Tomy des beautés de la nature pour l'enfermer
dans une sombre prison.

Les beaux jours s'écoulèrent fort agréablement
pour moi; jusqu'à ce moment j'avais occupé mes
bras; mon esprit n'avait pas été oisif, mais mon
cœur avait besoin d'un objet auquel il pût s'attacher, et qui partageait les sentiments qu'il
m'inspirerait. Je l'avais trouvé; je jouissais par
avance de l'amitié qu'aurait pour moi mon cher
Tomy; uniquement occupé de lui, j'avais le droit
de compter sur un retour de tendresse qui ferait
mon bonheur. L'aimable enfant se développait à
vue d'œil.

Mes travaux ne souffraient nullement de la dis-
traction qu'il me procurait; si j'étais un moment
forcé de m'en éloigner, je confiais sa garde à
mon fidèle Castor, qui paraissait tout fier de cet
emploi et qui s'en acquittait parfaitement. Mon
jardin était devenu un lieu de délices; tous les
ans je l'embellissais des plantes et des arbustes
les plus propres à l'orner.

Les pluies m'obligèrent enfin de me renfermer
dans ma grotte : de nouveaux plaisirs m'y atten-
daient. Tomy commençait à bégayer quelques
mots; le nom de papa avait déjà frappé mon

oreille et fait palpiter mon cœur. C'était, selon moi, le moment de commencer à l'instruire. Combien je regrettais alors de n'avoir pas mieux profité des leçons que j'avais reçues autrefois. Je résolus avant tout de former son caractère : heureusement la tâche était facile.

Je prévenais tous ses besoins, mais je n'accordais rien à ses caprices. S'il demandait, par des gestes expressifs, quelque chose que je dusse lui refuser, un fruit malsain, un outil qui aurait pu le blesser, ses cris et ses pleurs ne le lui faisaient point obtenir. Convaincu de leur inutilité, il n'en versait que quand il souffrait ; j'en cherchais alors la cause avec une tendre sollicitude, et je parvenais à le soulager ou à le distraire.

Craignant pour mon cher enfant la fraîcheur de la caverne, je lui fis de petits vêtements. J'eus quelque peine à l'accoutumer à les souffrir ; il n'aimait pas ce qui gênait ses mouvements toujours très vifs. Je lui fabriquai une espèce de tunique qui descendait jusqu'aux genoux, et je lui fis prendre l'habitude de la porter. Je ne jugeai pas à propos de lui faire de chaussures ; je pensai qu'accoutumé dès sa plus tendre enfance à marcher les pieds nus, les siens s'endurciraient comme ceux des petits paysans qui couraient sans être blessés.

Cependant ses progrès étaient rapides ; ses pas commençaient à s'assurer ; il prononçait distinc-

tement une assez grande quantité de mots ; mais
ce qui me charmait davantage, c'est qu'il annonçait un bon naturel et beaucoup de sensibilité. Il
partageait avec Castor tout ce que je lui donnais ; il distiguait parmi mes chèvres celle qui
l'avait nourri et lui faisait mille caresses ; mais
j'étais l'objet de son plus tendre attachement. Il
ne se trouvait bien qu'auprès de moi, et, dès que
je l'appelais, il quittait tous ses jeux pour courir
dans mes bras. Il montrait déjà le goût imitatif
qui distingue les enfants ; si je tressais du jonc
ou de l'osier, il en saisissait quelques brins et
cherchait à faire comme moi ; si j'arrachais dans
mon jardin les plantes parasites, il voulait encore
m'imiter. Cette remarque me fit comprendre combien ceux qui élèvent la jeunesse doivent veiller
sur toutes leurs actions, pour ne rien laisser échapper qui soit d'un dangereux exemple. C'est plutôt
sur la conduite d'un maître que l'enfant forme la
sienne que sur les maximes qu'on lui enseigne,
et qui ne sont d'aucun fruit si elles ne sont sou-
tenues par l'exemple.

Au retour du printemps, Tomy pouvait avoir
dix-huit à dix-neuf mois. Il était beaucoup plus
fort que ne le sont ordinairement les enfants de
cet âge ; il courait et parlait distinctement. Le
beau temps acheva de le fortifier. Je l'accoutumai
à faire de petites courses, à me rendre mille petits
services ; il n'était jamais plus content que quand

il croyait que j'avais besoin de lui, et se montrait
déjà sensible au plaisir d'être utile. Il régnait
entre lui et Castor la plus touchante amitié; j'en
voulus profiter pour accoutumer le bon animal à
porter l'enfant sur son dos quand nous aurions
une longue route à faire. Je composai avec des
peaux une espèce de bât que j'attachai fortement
sous le ventre de mon chien; avec des lanières
des mêmes peaux, j'y fis un dossier pour soutenir le petit garçon et des appuis pour ses pieds.
Je fis plusieurs essais de cette invention avant
d'oser entreprendre une course de cette manière;
mais l'allure douce de Castor, qui marchait avec
précaution, comme s'il eût connu l'importance
du dépôt que je lui confiais, l'assurance de Tomy
qui goûtait fort cette façon d'aller, tout cela me
tranquillisa, et je me décidai à partir accompagné de toute ma maison, pour visiter les bords
de la grande rivière. Je ménageais les forces de
mon chien; quand je le voyais fatigué, je prenais
l'enfant dans mes bras; notre marche était plus
lente, mais rien ne me pressait et mon temps était
à moi.

XII

Les deux années qui suivirent ne furent remar-
quables que par les progrès de Tomy et les nouvelles joies qu'il me donnait; du reste, c'étaient

toujours les mêmes soins, les mêmes occupations.
Il y avait bientôt six ans que j'étais dans mon
île; mon enfant avait quatre ans; il était aussi
instruit qu'on peut l'être à cet âge ! son intelligence précoce et sa vive curiosité facilitaient
mon travail.

Ses propos naïfs m'attendrissaient jusqu'aux
larmes. Sans le souvenir de ma mère, je me serais
trouvé parfaitement heureux, et je n'eusse ni regretté le monde ni désiré de quitter ma solitude.

Un jour que je jouissais, à peu de distance de
ma grotte, des charmes d'une belle soirée, le
ciel se couvrit tout à coup à l'horizon de nuages
noirs et sulfureux, la mer s'éleva en bouillon-
nant, le bruit de la foudre se fit entendre au loin;
enfin tout annonçait une violente tempête. Je pris
Tomy dans mes bras, et, courant autant que mes
forces purent me le permettre, je gagnai ma retraite; je fermai exactement la porte et les volets,
et j'allumai de la bougie. A peine eus-je pris ces
précautions, que j'entendis des torrents de pluie
qui, se mêlant au bruit des vents déchaînés et
aux éclats du tonnerre, semblaient menacer mon
île d'un entier bouleversement. J'étais accoutumé
à ces secousses de la nature, je me jetai sur mon
lit, près du berceau de mon enfant qui dormait
d'un paisible sommeil. Je le regardais dormir,
lorsque je crus entendre quelques coups de
canon tirés à intervalles égaux; je prêtai une

oreille attentive, et je fus bientôt convaincu que je ne me trompais pas. C'était sans doute le signal de détresse d'un vaisseau près de périr, les malheureux qui le montaient imploraient le secours de quelqu'un de leurs semblables. Je fus en proie à une émotion inexprimable; ainsi, à quelques pas de moi, se trouvaient des hommes et peut-être des Français. Combien je maudissais mon impuissance; j'aurais de bon cœur exposé ma vie pour les sauver, mais je n'en avais aucun moyen. A force de réfléchir, je pensai que quelques-uns de ces infortunés pourraient, à l'aide de leurs chaloupes, aborder dans mon île, s'ils en avaient connaissance, et qu'en allumant un grand feu sur le rivage je leur indiquerais la route qu'ils devaient prendre. La pluie avait cessé, mais le vent soufflait toujours avec violence. Je sortis de ma grotte et me rendis au rivage, chargé de bois sec que j'avais tiré de mon magasin; j'en fis une espèce de bûcher et j'y mis le feu. Les tourbillons du vent l'allumèrent aussitôt, et trois coups de canon me firent espérer qu'on l'avait aperçu. Je me mis de mon mieux à l'abri de la tempête sous une avance de rocher, et je passai le reste de la nuit à entretenir mon feu et dans une anxiété inexprimable. Une heure après mon arrivée, les coups de canon cessèrent, ce qui me fit penser que les infortunés matelots avaient abandonné le navire. J'attendais le jour

avec une extrême impatience; il parut enfin, et
me fît apercevoir, à la plus grande distance où ma
vue pût se porter, un vaisseau entièrement dé-
mâté et couché sur le côté entre deux écueils
que je voyais à fleur d'eau. J'espérais découvrir
des chaloupes se dirigeant vers mon île, mais il
ne s'en offrit point à mes yeux, et l'aspect d'une
mer irritée, dont les vagues écumantes venaient
se briser sur la côte, me fit juger qu'elle les avait
englouties dans ses profonds abimes. Mon cœur
était déchiré, et des larmes coulaient sur mes
joues. Je repris tristement le chemin de la grotte.
Tomy était éveillé; les soins que je lui donnai
firent diversion à ma douleur. Quand j'eus pourvu
à tous ses besoins, je le laissai sous la garde de
mon chien pour retourner au rivage, résolu de le
côtoyer, afin de chercher quelques indices.

Mes recherches furent longtemps infructueu-
ses; je m'approchai d'une pointe de terre qui
s'avançait dans la mer comme un petit promon-
toire, et, en tournant un rocher, j'aperçus sur le
sable un corps inanimé, couvert des vêtements
d'une femme. A ce touchant aspect, je fus saisi
de pitié; je me mis à genoux près de l'infortunée,
cherchant quelque indice de vie sur son visage
décoloré. Je soulevai son bras; il était roide et
glacé; je posai ma main sur son cœur; il me
sembla sentir un faible battement. Rassemblant
alors toutes mes forces, je la pris dans mes bras,

l'appuyai sur le rocher, et soulevai sa tête; ce
mouvement provoqua le vomissement. Elle rendit avec abondance l'eau qu'elle avait bue, et elle
entr'ouvrit un moment les yeux, puis elle retomba
dans son premier état.

Ma situation était très embarrassante, j'ignorais les moyens de rappeler à la vie celle qui
m'inspirait un si vif intérêt. Je m'étais muni de
vin de palmier; je parvins, avec beaucoup de
peine, à lui en faire avaler, et j'eus la satisfaction
de la voir se ranimer et respirer avec facilité.
Elle revint tout à fait à elle, et, tournant vers
moi des regards attendris : « Je vous dois la vie,
me dit-elle; je ne pourrai jamais m'acquitter envers vous, mais je ne veux plus vivre que pour
vous prouver ma reconnaissance. » Aux accents
de cette voix touchante, j'éprouvai la plus vive
émotion; elle me rappelait un souvenir bien cher.
Je considérai ces traits défigurés par la douleur
et par l'épouvante : c'étaient ceux de ma tendre
mère; les battements de mon cœur ne m'en laissèrent pas douter. Partagé entre la joie, la douleur et les regrets, je gardais le silence et j'étais
près de perdre l'usage de mes sens. Elle s'aper-
çoit de ma pâleur, s'arrache de mes bras, me fait
asseoir au pied du rocher, et me rend tous les
soins que je venais de lui prodiguer. Je n'avais
point perdu connaissance; mais, incapable de
prononcer une parole, je réfléchissais à ce que je

devais faire. Il eût été dangereux de me faire
connaître à ma mère; l'affaiblissement de ses
forces ne lui eût pas permis de soutenir l'excès
de sa joie. Ma taille élevée, ma vigueur extraordinaire, éloignaient les rapprochements qu'elle
aurait pu faire, et ne pouvaient pas lui permettre
d'imaginer que c'était son fils qu'elle tenait dans
ses bras. Dès que j'eus retrouvé la faculté de
parler, je la rassurai sur mon état, que j'attribuai
à la fatigue de la nuit précédente; je lui témoignai le désir de la conduire à ma demeure; elle
y consentit, et, s'appuyant sur mon bras, nous
marchâmes lentement vers la grotte. Aussitôt
qu'elle y fut entrée, je la fis asseoir sur un banc
couvert de peau, et mis sur ses genoux mon
petit Tomy.

Tout occupé de réparer les forces de ma mère,
je la suppliai de se coucher sur mon lit, après
lui avoir fait prendre une tasse de lait, où j'exprimai le jus d'une canne à sucre. Elle s'endormit bientôt, et pendant son sommeil je m'occupai
de lui faire un bon bouillon. J'avais un morceau
de tortue que je mis dans la marmite; j'y ajoutai
deux oiseaux d'un goût exquis; j'en fis un con-
sommé; puis je fis crever du riz pour composer
un potage fortifiant. En prenant tous ces soins
mon cœur palpitait de joie. Je pris la résolution
de ne me faire connaître à elle que lorsqu'elle
aurait la force de supporter cette émotion. Je quit-

tais à chaque instant mon foyer pour jouir du plaisir de la voir reposer; le sommeil, après avoir rafraîchi son sang, avait répandu sur ses joues une teinte de rose; ses traits reprenaient leur douceur, et je contemplais avec délices le visage chéri de ma mère, à peu près tel que je l'avais vu autrefois. Elle n'avait pas plus de trente-huit ans; son excellente constitution avait résisté aux chagrins que je lui avais causés, et me donnait l'espoir de prolonger longtemps une vie qui m'était plus chère que la mienne.

Tomy tournait autour de moi et me faisait à voix basse mille questions. Je lui recommandai de ne pas faire de bruit de peur d'éveiller sa maman; je l'entraînai au jardin cueillir un ananas et des fraises.

Il me suivit en sautant et en continuant son joli babil. « Que je suis content! un papa! une maman! Quand papa sortira et qu'il ne pourra pas m'emmener, je ne serai plus seul avec Castor, je resterai avec maman. »

Après trois heures d'un sommeil paisible, ma mère s'éveilla, entièrement remise. Je lui offris le repas que j'avais préparé; elle fut extrêmement surprise de trouver dans le fond d'un désert une nourriture aussi saine qu'agréable. Elle me fit de tendres remercîments des soins dont elle était l'objet, et, après dîner, me témoigna une vive curiosité de connaître mes aventures.

Il m'était impossible de lui rien refuser. Je commençai mon récit à l'époque de mon naufrage. Elle me donnait vingt ans, je la laissai dans son erreur; mais j'entrai dans le détail de mes travaux, de mes découvertes, de mes occupations et de toutes les ressources que j'avais trouvées. Je lui rendis compte de mes réflexions et de mes sentiments, et je lui témoignai que je devais aux bons principes que j'avais reçus de mes parents le courage et la résignation qui m'avaient soutenu dans les circonstances les plus fâcheuses. Les larmes inondaient son visage; c'était le souvenir de son fils qui les faisait couler. D'un mot j'aurais pu les tarir; mais je voulais effacer les traces de mes fautes par mes services et par toute ma conduite. L'aventure de la forêt ténébreuse la fit frémir. Ce fut bien pis quand je lui racontai la mort funeste des parents de Tomy et la manière dont il était tombé entre mes mains. Elle serra sur son cœur ce pauvre enfant, et je vis qu'elle partageait tous les sentiments qu'il m'inspirait.

J'avais aussi un grand désir de savoir par quel accident ma mère avait été amenée à la vue de mon île, mais je remis à le lui demander, pour ne pas abuser de ses forces. Je l'emmenai dans mon jardin, qu'elle admira, et de là au bord de la mer, où nous nous amusâmes à chercher des œufs de tortue pour le repas du soir.

Les vagues avaient amené sur le rivage des planches détachées du vaisseau naufragé ; c'était une précieuse acquisition. Je les portai dans mon magasin, elles me firent naître l'idée d'en composer un radeau, par le moyen duquel je pourrais approcher du navire échoué et en sauver quelques objets utiles. Je n'étais pas inquiet pour la subsistance de ma mère ; il ne s'agissait que de cultiver une plus grande quantité de riz et de patates, de faire plus de salaisons et d'augmenter mon troupeau de quelques chèvres. Mais je voyais avec peine qu'elle éprouverait des privations d'un autre genre. Il m'en avait beaucoup coûté de me passer de linge, et cependant l'enfance s'accoutume facilement à tout ; combien il lui serait pénible de n'avoir, comme moi, pour se vêtir, que des habits de peaux de bêtes ! Je ne voyais d'autre moyen de lui procurer des vêtements et du linge que d'en aller chercher au vaisseau. Ni fatigues, ni périls, rien ne pouvait m'arrêter.

J'eus beaucoup de peine à décider ma mère à accepter mon lit ; elle ne céda qu'aux plus vives instances et à la promesse que je lui fis de travailler dès le lendemain à m'en faire un autre, et de lui permettre de m'aider. Elle porta un grand tas de feuilles sèches dans la salle qui devait désormais être ma chambre à coucher ; elles furent étendues et couvertes de peaux. Tomy, enchanté de tout ce mouvement, la suivait comme un petit barbet et cherchait aussi à se rendre utile; il ramassait des feuilles et lui en rapportait plein ses deux mains, se croyant d'un grand secours. Ma mère prenait pour cet enfant une telle affection, qu'elle me demanda de laisser son berceau près de son lit; je n'eus garde de m'y opposer.

Oh! la délicieuse soirée que nous passâmes! J'étais sans doute le plus heureux, parce que je connaissais toute l'étendue de mon bonheur. Au milieu des jouissances que je procurais à ma mère, des soupirs s'échappaient souvent de son sein. Elle pensait à son cher Félix; il était devant elle et elle ne le reconnaissait pas.

XIII

Le lendemain, ma mère alla chercher tout le saule et l'osier qu'elle trouva dans mon magasin, et me somma de tenir ma parole. Dès qu'elle eut vu la manière dont je m'y prenais, elle m'imita avec beaucoup d'adresse; aussi l'ouvrage alla grand train. Je pris ce moment pour la prier de me raconter son histoire. « C'est, me répondit-elle, un récit bien douloureux; mais je n'ai rien à refuser à celui qui m'a sauvé la vie. »

Ma mère entra d'abord dans le détail de son

mariage, de ma naissance, des soins qu'elle et mon père avaient pris de mon éducation et des espérances qu'ils avaient conçues de m'y voir répondre. Elle peignit avec feu sa douleur à la mort de son mari ; je ne pus douter que sa tendresse pour moi ne l'eût seule empêchée de succomber. Mais quand elle parla de mon indocilité, de mon humeur vagabonde, des chagrins et des inquiétudes qu'elles lui avaient causés, tous mes remords se réveillèrent ; mon cœur se serra, et je fus près de perdre l'usage de mes sens. Ma mère se reprochait vivement la faiblesse qui l'avait empêchée de conserver sur moi toute son autorité et d'user de rigueur pour me corriger ; elle déplorait encore plus le consentement qu'elle avait donné à mon départ, et se regardait comme la cause de ma mort.

Je reprends ici le récit de ma mère, et je la ferai parler à peu près dans les mêmes termes dont elle se servit ; le vif intérêt que j'y prenais les a gravé dans ma mémoire.

« Lorsque je me fus séparée de mon cher Félix et que j'eus vu partir la diligence, je repris en pleurant le chemin de mon village. Mes voisines et mes amies, touchées de ma peine, cherchaient à l'adoucir en me visitant souvent. Les mères surtout me parlaient de mon fils, et m'assuraient que, dans quelques mois, j'aurais de ses nouvelles. C'était la meilleure manière de me consoler; dix-huit mois s'écoulèrent sans que j'entendisse parler du vaisseau où il s'était embarqué. A Brest et dans les environs, on était persuadé qu'il avait péri. Pour moi, sans aucune connaissance de la marine, je me laissai amuser par les discours de ceux qui s'intéressaient à moi et qui voulaient me cacher mon malheur. Il me fut enfin connu : deux matelots de notre village avaient échappé au naufrage, ils s'étaient sauvés sur un rocher où ils avaient pensé périr de misère; mais un navire américain les avait recueillis; ils étaient revenus au pays. Le coup fut affreux. Je tombai sans connaissance et je ne sortis d'un long évanouissement que pour être saisie d'une grosse fièvre et d'un délire violent. Je fus plusieurs jours dans cet état; quand je revins à moi, mon désespoir fut horrible. Tout le monde cherchait à me consoler. On me dit que tout espoir n'était pas perdu. J'aurais tant voulu pouvoir croire que je me mis à espérer encore. Je me persuadai que puisque deux matelots s'étaient sauvés, mon fils pouvait avoir eu le même bonheur, puis, qu'il existait peut-être dans quelque coin du monde, et que je le reverrais tôt ou tard. Cette idée fit tant d'impression sur moi, que je tressaillais chaque fois qu'on frappait à ma porte; je courais ouvrir avec une extrême émotion, et mon espoir trompé me faisait retomber dans mon anéantissement.

» J'avais reçu une certaine éducation, j'étais moins ignorante que les autres personnes de ma classe ; mais je n'avais pas la moindre idée de géographie. Un nouveau maître venait de s'établir dans notre village ; il enseignait cette science aux enfants des riches bourgeois dont les campagnes étaient voisines. Il me vint un si grand désir de prendre de ses leçons que je n'y pus résister. J'y mis du mystère, parce que je craignais qu'on se moquât de moi. J'allais le soir chez l'instituteur. J'appris bientôt à connaître les cartes ; depuis ce moment ma principale occupation fut de les examiner, de suivre la route des vaisseaux qui vont dans l'Inde ou dans nos colonies d'Amérique, de considérer cette immense quantité d'îles encore inhabitées. Quand mes yeux s'arrêtaient sur un archipel, je ne pouvais les en détacher ; je croyais voir mon fils dans une de ses îles, sans réfléchir qu'un si jeune enfant n'aurait pu trouver les moyens d'y subsister, et qu'il eût été la proie des bêtes féroces contre lesquelles il n'eût point eu de défense.

» Ces chimères occupèrent mon esprit pendant trois ans. Cependant je dépérissais chaque jour ; ma santé s'altérait de plus en plus, lorsque j'appris que madame d'Altamont, riche veuve, qui habitait Brest, allait partir pour la Martinique, où elle avait à recueillir une succession considérable, et qu'elle cherchait une personne de con-

fiance pour l'accompagner. Mon imagination
s'enflamma à cette nouvelle. Si je pouvais suivre
cette dame, je verrais sans doute les mêmes lieux
où mon fils avait passé ; je m'en informerais partout ; je le retrouverais peut-être. Cette pensée me
poursuivait jour et nuit. Je me fis recommander
à madame d'Altamont ; on m'avait prévenue que
cette dame était d'un caractère impérieux et dur,
et que je ne pourrais manquer d'avoir à souffrir
de son humeur. C'était un faible obstacle pour
un désir comme le mien ; j'obtins la place que
j'ambitionnais. Je pris tous les arrangements nécessaires pour assurer ma petite fortune à mon
fils s'il revenait, ou, à son défaut, à mes héritiers
légitimes, en cas d'une issue funeste.

» Mes dispositions furent bientôt faites, je me
rendis à Brest. Ma nouvelle maîtresse fut surprise
de mon désintéressement ; je ne voulus faire
aucune condition avec elle ; je m'abandonnai
entièrement à sa générosité. Pourvu que je fusse
transportée dans le Nouveau-Monde, tous mes
vœux étaient remplis.

» Je n'ai que trop abusé de votre patience en
vous entretenant si longtemps de mes douleurs.
Je ne vous raconterai point les contrariétés que
j'éprouvai pendant la traversée. Madame d'Altamont avait effectivement le caractère le plus fan-
tasque et le plus bizarre ; malgré tous mes efforts,
je ne pouvais la servir à son gré ; elle me faisait

durement sentir ma dépendance et supporter sa mauvaise humeur; mais j'étais fort peu sensible à ses procédés. Uniquement occupée du but de mon voyage, le plus souvent je n'entendais pas ses reproches, ou, comme je pouvais me rendre témoignage qu'ils n'étaient pas mérités, je les écoutais avec indifférence. Elle fut assez long-temps tourmentée du mal de mer; heureusement je n'en fus que légèrement incommodée; aussi, je pus lui donner les soins qu'elle avait droit d'attendre de moi. Nous relâchâmes à l'île de Madère, et madame d'Altamont y recouvra la santé. Le reste de la traversée se passa sans aventures fâcheuses, jusqu'au moment où nous essuyâmes l'horrible tempête qui fracassa notre vaisseau sur les rochers qui environnent cette île. Au milieu de la consternation générale, je m'occupais de porter des secours à ma malheureuse maîtresse, qui, agitée d'affreuses convulsions, semblait n'avoir qu'un moment à vivre. Quant à moi, j'avais fait le sacrifice de ma vie, et l'espoir de rejoindre mon époux et mon fils me faisait regarder la mort de sang-froid. Cependant le navire, couché sur le côté, se remplissait d'eau; elle gagnait la petite chambre où nous étions retirées. Le mouvement qui se faisait en haut et les cris de l'équipage me firent juger que les matelots allaient se jeter dans les chaloupes. J'en avertis madame d'Altamont, en l'engageant

à monter sur le pont pour profiter de ce moyen de
salut. Elle retrouva des forces pour suivre mon
avis. Les chaloupes, déjà surchargées de monde,
allaient s'éloigner du vaisseau ; la voix gémis-
sante de ma maîtresse fit consentir ces hommes
à nous recevoir ; ils nous crièrent de nous laisser
glisser à l'aide d'une corde qui pendait le long du
bord. Madame d'Altamont s'en saisit la première
et entra dans la chaloupe. Je la suivais de près ;
mais une vague éloigna l'esquif au moment où
j'allais y mettre le pied, et je tombai dans la mer.
Le bruit de la tempête et les ténèbres qui nous
environnaient empêchèrent sans doute qu'on s'en
aperçût et qu'on pût me secourir. Je perdis connaissance et je ne revins à moi qu'au moment où
vos soins généreux m'ont rendue à la vie. Je ne
conçois pas comment j'ai été portée vivante sur le
rivage de cette île, et je n'espère plus revoir mon
fils. Mais ma vie me sera chère, si je puis être
utile à celui qui me l'a conservée. Je n'ai plus de
fils, mon jeune ami ; soyez le mien ; souffrez que
je remplisse près de vous les devoirs d'une mère,
et rendez-moi le bien dont le sort m'a privée. »

Ces tendres paroles me pénétrèrent jusqu'au
fond du cœur : je me jetai aux genoux de ma
mère, et je lui promis le respect, la docilité et
l'affection d'un fils.

« Eh bien ! me dit-elle, je serai doublement
heureuse ; je me persuaderai que cet enfant est le

vôtre, et le titre de grand'mère me fera goûter de
nouveaux plaisirs. »

A ces mots, elle accabla de caresses notre cher
Tomy, qui ne se possédait pas de joie d'avoir une
si bonne maman.

Ma mère voulut absolument se charger de la
cuisine et de tout le détail du ménage. J'allais
tous les jours à la chasse ou à la pêche, et je rap-
portais cu du gibier délicat, ou d'excellents poissons. Je trouvais toujours sur la grève quelques
débris du vaisseau, et je travaillais en secret à la
construction d'un radeau, pendant que ma mère
s'occupait dans la grotte et me préparait quelque
surprise agréable. Elle savait faire du beurre,
mais elle manquait de baratte; son adresse y
suppléa; un jour elle me servit une tasse de noix
de coco pleine d'un beurre fin et délicieux. Ce
mets, qui me rappelait mon pays, me flatta infiniment. Depuis ce moment nous n'en manquâmes
plus, et ma mère eut le moyen de faire de bonnes
sauces et de varier nos aliments.

Quand mon radeau fut achevé, j'eus la tentation
d'aller visiter le vaisseau sans en prévenir ma
mère; mais la soumission que je lui devais et la
crainte de lui causer de l'inquiétude ne me le permirent pas. Je lui demandai la permission de faire
ce voyage, et j'eus bien de la peine à l'obtenir. Je
lui représentai que choisissant pour mon départ
le temps de la marée descendante, elle me porte-

rait tout naturellement vers le rocher où le vaisseau était échoué, que j'attendrais à bord le moment du flux, à l'aide duquel je regagnerais le rivage, et qu'en cas d'accident la distance n'était pas assez grande pour qne je ne pusse revenir à la nage. Depuis mon séjour dans l'île, j'étais devenu un excellent nageur; je voulus, pour rassurer ma mère, la rendre témoin de ma vigueur et de mon adresse dans ce genre d'exercice. Je parvins à diminuer ses craintes, mais elle exigea que je prisse avec moi mon fidèle Castor, dont l'attachement m'avait déjà une fois sauvé la vie.

Il ne s'agissait plus que de mettre le radeau à flot; je l'avais conduit tout près du bord de la mer sur un terrain en pente. Lorsque la mer montait, elle en soulevait un bout; nous enlevâmes l'autre au moyen de deux forts leviers, et nous eûmes le plaisir de le voir glisser doucement et flotter enfin sur l'eau. Nous l'attachâmes au tronc d'un arbre par un fort lien, et j'attendis avec impatience le moment où le reflux me permettrait de me mettre en mer.

Ma mère m'indiqua la chambre de sa maîtresse, elle se trouvait dans la partie du vaisseau où probablement l'eau ne pouvait gagner, car la proue étant entièrement enfoncée dans la mer, nécessairement la poupe était fort élevée. Une petite malle contenait les effets de ma mère.

Le temps vint de démarrer; je détachai le ra-

deau ; une longue perche me servit à l'éloigner
de terre et à le diriger. Je fis heureusement le
court trajet jusqu'au vaisseau; des cordages m'ai-
dèrent à y monter. Il était absolument disjoint, et
dans un tel état, qu'il ne pouvait manquer de se
disloquer à la moindre tempête. Je songeai donc
à profiter de ce voyage pour rassembler ce qui
m'était le plus nécessaire, ne pouvant me flatter
d'en faire un second. La malle de ma mère n'était
pas trop lourde; je la portai sur le pont, et, au
moyen d'une grosse corde, je la descendis sur le
radeau. J'y fis couler aussi de gros rouleaux de
cordages de différentes grosseurs. Je visitai ensuite toute la partie du vaisseau qui n'était pas
submergée ; je trouvai dans la chambre du capitaine plusieurs malles remplies de linge et d'habits : comme elles étaient fort pesantes, je les
vidai, et je fis des paquets de ce qui me convenait.
Je pris aussi une cannevette pleine de bouteilles
d'eau-de-vie et de liqueurs. J'aurais désiré me
procurer quelques barils de biscuits, mais l'en-
trepont étant plein d'eau, je n'y pouvais pénétrer,
et d'ailleurs tout devait y être gâté. J'eus donc
lieu de me féliciter de ce que, les productions de
l'île suffisant aux besoins de notre vie, je n'avais
à m'occuper que de ce qui pouvait la rendre
agréable. Plusieurs matelas firent partie de mon
chargement; il fut complété par tout ce que je
pus trouver d'ustensiles utiles au ménage : mar-

mites, casseroles, cafetières, plats, assiettes, cuillères, fourchettes et couteaux. Je ne vis pas sans envie grand nombre d'armes à feu; j'avais toujours souhaité d'en être pourvu en cas d'attaque; combien le désirais-je davantage, actuellement que j'avais à défendre tout ce que j'avais de plus cher au monde, ma mère et l'enfant de mon adoption! J'eus le chagrin de ne pouvoir me procurer de la poudre; elle était toute renfermée dans la partie du vaisseau dont l'eau ne me permettait pas d'approcher. Je laissai donc, en soupirant, les fusils et les pistolets, mais je me chargeai de deux grands sabres. Craignant de surcharger mon radeau, et voulant profiter de la marée qui commençait à monter, je quittai le vaisseau et ramai courageusement du côté du rivage; ma famille m'y attendait. Dès que je touchai la terre, ma mère vint à moi les bras ouverts, et, tout en me témoignant sa joie de me voir arriver sain et sauf, elle me supplia, avec les expressions les plus touchantes, de ne plus m'exposer à de pareils dangers et de lui promettre de ne plus retourner au vaisseau; je l'en assurai, et, délivrée de ses inquiétudes, elle m'aida gaîment à décharger notre radeau. Je voulais transporter sur-le-champ, dans ma grotte, tous les effets que j'avais sauvés, mais ma mère exigea que je réparasse auparavant mes forces par un bon dîner. Nous prîmes donc le chemin de la grotte, chargés seulement, moi de la cannevette de liqueurs, et elle des assiettes, couverts, etc. Notre repas était tout prêt; une bonne soupe et la moitié d'un jeune chevreau rôti le composaient. Je couvris la table d'une belle nappe; j'y arrangeai des assiettes et des couverts, et, pour la première fois depuis cinq ans, j'eus le plaisir de manger à la façon des Européens. Tomy, fort étonné de tout ce qu'il voyait, faisait de grandes exclamations, voulait nous imiter, répandait sur lui le bouillon ou se piquait la langue avec sa fourchette; mais il ne faisait que rire de ces petits accidents. Un doigt de crème des Barbades, que je lui donnai au dessert, acheva de le mettre en belle humeur; sa joie excita la nôtre, et nous eussions prolongé cet agréable repas, si d'importantes occupations ne nous eussent rappelés au rivage. Avant la nuit, avec l'aide de la claie et de Castor, nous eûmes transporté toutes nos richesses dans notre demeure. Après les avoir mis en sûreté, nous sentant exténués de fatigue, nous étendîmes deux matelas sur chacun de nos lits, et nous nous couchâmes.

XIV

Lorsque je m'éveillai, ma mère dormait encore d'un profond sommeil; je me fis un plaisir de

paraître devant elle vêtu à la française. Je pris
une belle chemise, un gilet et un pantalon de
nankin, des bas de fil et une paire de souliers.
On pense bien que je n'avais pas oublié de me
fournir de chaussures; je m'étais emparé de
toutes celles qui pouvaient m'aller, ainsi que de
deux paires de bottes qui semblaient faites ex-
près pour moi. Une cravate de mousseline brodée
et une casquette de maroquin vert complétaient
ma parure. Je me disposais à passer chez ma
mère, lorsqu'elle entra dans ma chambre, vêtue
d'une jolie robe de toile anglaise et d'un tablier
de taffetas noir; ses cheveux, encore très beaux,
étaient arrangés avec soin, séparés sur le front,
et relevés derrière avec un peigne d'écaille. Nous
nous fîmes mutuellement des compliments sur
notre toilette; ma mère m'avoua que c'était pour
elle un grand plaisir de ne pas manquer de linge
ni d'habits; mais elle fit observer que je devais
sentir cet avantage bien plus vivement qu'elle,
après une si longue privation.

Tomy à son réveil fut bien surpris de notre
nouvelle parure; il promenait ses grands yeux de
ma mère sur moi. Après nous avoir longtemps
considérés, il nous tendit ses petits bras en
disant : « C'est toujours papa et maman, mais ils
sont bien plus beaux. »

Nous procédâmes à l'examen de ce que renfer-
mait la malle de ma mère, afin de mettre chaque

chose à sa place ; j'eus lieu d'admirer la prévoyance des femmes et leur attention pour les
petits détails. Outre une quantité suffisante de
linge et d'habits, ma mère s'était munie de tout
ce qui était nécessaire pour travailler ; elle avait
une ample provision d'aiguilles, de fil, et plusieurs
paires de ciseaux ; mais ce qui me flatta le plus,
ce fut de trouver au fond de la malle une demi-
rame de papier commun et quelques cahiers de
papier à lettres, des plumes et deux bouteilles
d'encre bien cachetées. « Oh ! quel trésor ! m'é-
criai-je en m'en saisissant ; combien je le mets
au-dessus de tout ce que nous avons acquis
d'agréments et de commodités ! — Il est à vous,
mon cher fils, me dit-elle. »

Quinze jours se passèrent dans nos occupations ordinaires ; nous avions, pour surcroît, le
soin de recueillir au bord de la mer ce que le flux
nous apportait des débris du vaisseau, que le
choc des vagues avait achevé de briser. Le soir
du quinzième jour, j'aperçus sur le visage de ma
mère un nuage qui me pénétra. Elle étouffait ses
soupirs et cherchait à me dérober les pleurs qui
bordaient sa paupière. Je n'osai lui faire aucune
question, et, respectant sa mélancolie, je me
retirai de bonne heure pour la laisser en liberté.
Je me levai de grand matin ; j'entrai tout doucement dans sa chambre. Surpris de ne l'y pas
trouver, je la cherchai dans tous les coins de la

grotte; elle en était déjà sortie. J'allai au jardin; en approchant du berceau d'acacias, j'entendis des sanglots et des gémissements. Je m'approchai sur la pointe du pied, en retenant ma respiration.

Elle m'aperçut, et tournant vers moi ses yeux chargés de larmes : « Pardonnez, me dit-elle, vous qui m'avez sauvé la vie et qui ne vous occupez que de me la rendre heureuse; croyez que je ressens vivement vos bienfaits, mais je ne puis oublier que j'eus un fils. Ce jour est l'anniversaire de sa naissance : il aurait aujourd'hui dixhuit ans; cette époque renouvelle ma juste douleur. » Elle n'en put dire davantage; ses forces l'abandonnèrent et elle tomba évanouie dans mes bras. Ma terreur fut extrême quand je la vis dans cet état; je me reprochai de lui avoir caché que j'existais, et, l'appelant vingt fois du doux nom de mère, je cherchai à la ranimer par les plus tendres caresses. Enfin elle reprit ses sens, et me voyant à ses pieds dans une posture suppliante : « Que faites-vous? dit-elle; vous ne m'avez jamais offensée, et vous semblez me demander pardon. — Oui, ma mère, je demande grâce pour le coupable Félix. Reconnaissez l'enfant qui vous est encore si cher malgré tous ses torts, et qui voulait les réparer avant d'oser se faire connaître. » L'excès de la joie tenait suspendus tous les sens de ma mère; elle pencha sa tête

sur son sein, et des larmes abondantes soulagè-
rent son cœur. Elle considéra attentivement mes
traits, et, malgré le changement que les années,
le travail et le climat y avaient apporté, elle les
reconnut et sentit le bonheur d'être encore mère.

Nous rentrâmes dans la grotte; Tomy était
depuis longtemps éveillé; il jouait avec Castor et
jasait avec Coco. Il nous vit des visages si con-
tents qu'il en fut réjoui. Le déjeuner fut très gai.
J'annonçai à ma mère que j'allais commencer à
écrire mes aventures; elle se chargea de mon'rer
à lire à notre enfant, car j'avais rapporté des livres
du navire, et me pria de tracer sur de petits carrés
de papier les lettres de l'alphabet, afin de lui apprendre à les connaître; ce travail me fut plus
difficile que je ne l'avais supposé; mes mains
calleuses n'avaient plus la même souplesse, et ce
ne fut qu'après bien des efforts infructueux et à
force de patience que je pus enfin me remettre à
écrire convenablement.

Ma mère ne s'était point encore éloignée de
notre demeure; je désirais lui faire connaître les
beaux sites de l'intérieur de l'île; d'ailleurs la
saison s'avançait, il était temps de penser à notre
provision de cire. Je lui proposai donc le voyage
de la belle plaine et des délicieux bosquets où
croissait le miraca; elle y consentit avec joie, et
cette course nous fut extrêmement agréable. Elle
ne se lassait point d'admirer les beautés de la

nature et les ressources qu'elle nous offrait dans
ce climat fortuné. Tomy courait le plus souvent
devant nous; lorsqu'il était fatigué, nous le por-
tions alternativement. Ma mère lui avait fait un
vêtement léger de toile de coton, qui lui était bien
plus commode que sa tunique de peaux. Sa vivacité et ses grâces enfantines nous charmaient
également; jamais enfant ne fut plus aimable,
plus spirituel, ni plus docile.

Du haut d'une colline je fis remarquer à ma
mère la forêt qui m'avait été si fatale; je lui proposai, en riant, de la parcourir avec moi, en l'assurant que rien n'était plus curieux que la caverne
de la Mort.

« Non, non, me dit-elle, nous sommes dans le
paradis terrestre; la curiosité ne me le fera pas
perdre. »

Nous fîmes une ample récolte de baies de
miraca; nous cueillîmes une assez grand quantité de cannes à sucre et de noix de coco; nous
fîmes aussi provision de patates, dans la crainte
que celles qui croissaient dans mon jardin ne
fussent pas suffisantes. Enfin, après avoir campé
quelques jours sur le bord de la rivière, nous
revînmes chez nous, chargés de tout ce qui pouvait nous être utile pour l'hiver. D'autres travaux
nous appelaient; nous salâmes des boucs, des
tortues et quelques gros poissons qui ont beaucoup de rapport avec la morue; nous amassâmes

beaucoup d'œufs que nous conservions dans du
sable, et nous récoltâmes notre riz; la fabrique
des bougies nous occupa ensuite, et tout fut terminé avant la fin des beaux jours.

Les pluies nous obligèrent enfin de nous renfermer dans notre grotte; nous ne nous trouvâmes pas moins heureux. Des occupations
variées, et les charmes d'une société aussi douce
qu'intime, faisaient couler le temps avec une extrême rapidité. Je m'occupais trois ou quatre
heures par jour à faire la relation de mes aventures; les ouvrages manuels employaient le reste
de mon temps. C'était pour moi un véritable
plaisir que de me rappeler, alors que j'étais com-
plétement heureux, les terribles épreuves que
j'avais supportées, jeté seul et sans force sur ce
rivage désert. Ma mère prenait soin de préparer
nos repas, de traire les chèvres et de tenir en bon
état le linge et les vêtements. Nous nous occu-
pions, de concert, de l'éducation de Tomy; il
nous égayait par ses petites gentillesses et ses
propos ingénus. Le soir, je faisais une lecture à
ma mère; nous l'interrompions souvent pour
nous communiquer les réflexions qu'elle nous
faisait naître.

L'esprit humain aime à s'occuper de projets;
nous en formions au fond de notre retraite. Nous
devions, au retour de la belle saison, nous construire une habitation champêtre à une lieue de

distance de la grotte et sur les bords riants de la
grande rivière ; c'eût été notre métairie. Nous
devions y transporter notre bétail, y élever des
pigeons et une espèce de poules que nous avions
découvertes depuis peu. Mais il n'en devait pas
être ainsi.

Dans mon voyage au vaisseau, j'avais trouvé
dans la chambre de madame d'Altamont une cassette de bois de rose, garnie de lames d'argent et
d'une forte serrure ; je m'en étais chargé dans
l'idée qu'elle ferait plaisir à ma mère. Occupés
tous deux d'objets plus essentiels, nous l'avions
oubliée dans un coin de la grotte. Ma mère la
retrouva, et, curieuse de savoir ce qu'elle renfer-
mait, elle me pria de faire sauter la serrure. Cela
fut bientôt fait ; mais nous fûmes assez déconcer-
tés quand nous vîmes qu'elle ne contenait que
quelques bijoux de prix, des papiers de famille et
mille louis en or. Mécontents d'abord d'une trouvaille aussi inutile, nous prîmes le parti d'en rire,
et nous fîmes mille plaisanteries inattendues. En
bon père, j'en voulais disposer en faveur de Tomy
et lui acheter le fonds d'un bel établissement.
Après nous être longtemps égayés sur ce sujet,
ma mère me suggéra une réflexion plus raisonnable. « Si, me dit-elle, nous quittions un jour
cette île, et si nous avions le bonheur de retourner dans notre patrie, nous aurions la satisfaction de remettre aux héritiers de madame d'Alta-

mont ce qui leur appartient légitimement; il en
est peut-être dans le nombre à qui cet or et ces
bijoux seraient bien nécessaires, et les papiers
que contient la cassette sont peut-être pour eux
d'un grand intérêt. » Il fut donc convenu que
nous remettrions chaque chose à sa place, et que
nous garderions le tout comme un dépôt sacré
dont la justice et notre conscience nous rendaient
responsables.

XV

Nous avions attendu les beaux jours sans impatience; mais nous ne vîmes pas sans plaisir la
nature reprendre ses charmes, les arbres se couvrir de fleurs, les oiseaux se rassembler dans nos
bocages, et, tout autour de nous, reprendre une
vie nouvelle. La chasse et la pêche étaient mes
plaisirs favoris; je commençais à m'y livrer. Un
matin, je voulus gagner un endroit où la côte était
très poissonneuse; il fallait traverser un petit
bouquet de bois. J'y étais à peine entré que j'aperçus quatre hommes armés de fusils qui s'avan-
çaient vers moi. A la vue de ces étrangers,
j'éprouvai une violente émotion; c'est à peine si
je pouvais marcher, tant je me sentais heureux
de retrouver des hommes. En un instant, je songeais qu'enfin, sans doute, j'allais pouvoir quitter

ma solitude et être rendu à la société. Pour eux,
en me voyant, ils firent des gestes de surprise, et
m'abordèrent en m'adressant quelques mots dans
une langue qui m'était inconnue; je répondis dans
la mienne. Alors l'un d'eux, s'approchant de
moi, me secoua la main, et me dit en mauvais
français : « Jeune homme, vous êtes France;
vous, comment venu ici? Nous, Anglais, mais
amis de tous les hommes; conduire nous dans
votre demeure, si vous avez. »

Charmé qu'au moins un de ces inconnus pût
m'entendre, je le priai de me suivre avec ses
compagnons; je l'assurai que je me ferais un
plaisir de les recevoir chez moi. Chemin faisant,
je leur racontai rapidement l'histoire de mon naufrage; je vis qu'elle intéressait beaucoup celui
qui pouvait la comprendre; il la répéta en anglais
aux trois autres, qui vinrent tour à tour me se-
couer cordialement la main.

On peut juger de l'étonnement de ma mère à
la vue des quatre étrangers; elle les reçut gra-
cieusement; la table fut bientôt couverte de tout
ce que nous pouvions offrir de meilleur. L'eau-
de-vie et les liqueurs que nous avions ménagées
jusqu'à ce jour furent prodiguées à nos hôtes, qui
furent extrêmement satisfaits de notre réception
Ils parlaient beaucoup entre eux; et, quoique
nous n'entendissions pas leurs discours, nous
devinâmes à leurs gestes et à l'air de leurs visages,

qu'ils prenaient des arrangements pour nous emmener avec eux; ce qui nous fut confirmé par
celui qui parlait un peu le français et qui était le
chirurgien-major du vaisseau. Voici en substance
ce qu'il nous apprit.

Un navire de la Compagnie, commandé par le
capitaine Edward Walter, revenant de la mer du
Sud, après avoir passé le détroit de Magellan,
devait relâcher à Rio-Janeiro, où il se serait
ravitaillé : de là, cingler vers la Jamaïque, où il
eût fait une nouvelle relâche, débarqué quelques-
unes de ses marchandises pour en charger d'autres en place, et eût repris sa route pour se rendre en Angleterre. Mais bientôt le temps, qui
l'avait favorisé jusqu'alors, changea tout à coup,
et une violente tempête le jeta au loin et le fit
errer au gré des vents pendant une dizaine de
jours. Les vivres commençaient à manquer ainsi
que l'eau douce, dont chaque matelot ne recevait
par jour que le quart de sa ration ordinaire. Le
vaisseau était endommagé; le capitaine et tout
son équipage cherchaient à découvrir quelque
terre où ils pussent le radouber, se pourvoir de
vivres et surtout faire de l'eau. Une côte environnée de récifs s'était offerte à leurs regards; le
vent ayant considérablement diminué, ils cinglè-
rent vers le rivage. A la distance d'un quart de
lieue on jeta l'ancre; une chaloupe fut envoyée
pour visiter la côte et trouver une place d'abor-

dage; elle portait huit matelots, deux officiers, le pilote et le chirurgien. En longeant le rivage, ils poussèrent une pointe et découvrirent une baie où la mer était calme. Les matelots se répandirent dans l'île pour y chercher de l'eau, et les officiers y pénétrèrent d'un autre côté, dans l'espérance de tuer du gibier ou de rencontrer quelque autre ressource. Je leur offris, en attendant qu'ils fissent une grande chasse, mon troupeau, pour la subsistance de l'équipage; il consistait en deux boucs, quatre chèvres et huit jeunes chevreaux. Je me promettais aussi de leur indiquer les champs de riz et de patates, et les endroits où ils trouveraient des tortues en abondance.

Les Anglais se montrèrent très reconnaissants de ces offres obligeantes, ils s'étaient empressés de retourner à bord pour les communiquer au capitaine. Nous allâmes ensemble à la recherche des matelots; ils avaient déjà rempli plusieurs tonnes d'eau. Nous nous rendîmes à l'endroit où était la chaloupe, et du haut d'un rocher j'aperçus le navire à l'ancre. Nous nous séparâmes avec de grands témoignages d'amitié, et je regagnai la grotte pour m'entretenir avec ma mère des espérances que cet événement devait nous donner. Je la trouvai dans une grande agitation, et j'avoue que je la partageai. Depuis que nous étions réunis, nous pensions que rien ne manquait à notre bonheur; mais le nom de patrie remuait délicieusement nos cœurs; et si l'espoir que nous concevions de la revoir était trompé, il était à craindre que notre solitude n'eût plus pour nous autant de charmes.

Confiant dans la promesse qu'on nous avait faite, nous songions avec attendrissement au moment où nous rentrerions dans notre village, à notre joie de revoir nos parents et nos voisins.

Lorsque nous eûmes tout mis en ordre chez nous, je proposai à ma mère de la conduire à la baie où les Anglais étaient descendus. Elle s'appuya sur mon bras et nous en prîmes le chemin: Tomy marchait devant nous en bondissant comme un jeune chevreau. Lorsque nous fûmes arrivés, nous remarquâmes un grand mouvement à bord du vaisseau; une heure après, les ancres furent levées, les voiles hissées, et le navire prit la route de la baie; il y entra heureusement et vint mouiller à peu de distance du rivage. Une chaloupe fut aussitôt détachée et nous nous trouvâmes dans les bras de sir Walter, qui, dans notre langue, qu'il parlait avec facilité, se félicita de notre rencontre et prit l'engagement de nous retirer de cette île et de nous procurer les moyens de repasser en France. Après avoir donné ses ordres à ses gens, il nous suivit avec son second jusqu'à notre habitation. Il fut surpris et charmé de tout ce qu'il y vit, et ne se lassait point d'admirer que, dans un âge aussi tendre, j'eusse pu me suffire pendant

cinq années et fournir seul à tous mes besoins.
Il approuva le conseil que j'avais donné à ses
officiers; mais, quant à mon troupeau, il m'assura
qu'il ne permettrait pas qu'on en tuât une
seule bête; il voulait l'embarquer vivant pour les
besoins de la traversée, pensant avec raison que
la chasse et la pêche fourniraient abondamment
à la subsistance de tout son monde pendant qu'il
resterait dans l'île. Tandis que nous nous entretenions
amicalement, quatre matelots arrivèrent
chargés de biscuits, de fromage, d'un superbe
jambon et d'une caisse de vin de Bordeaux. Ce
présent du capitaine nous fut agréable et nous
l'en remerciâmes vivement.

Sir Edward Walter me prit en amitié. Les
douze jours qu'il séjourna dans l'île pour réparer
son navire, je fus le compagnon de toutes ses
courses. Pendant nos excursions, ma mère s'occupait
de nous préparer une nourriture restaurante,
car le capitaine mangea avec nous tout le
temps qu'il fut à terre. La chasse fournit aux Anglais
assez de provisions pour tenir durant le
temps qui leur était nécessaire pour gagner les
Antilles, dont au reste ils n'étaient pas fort éloignés.
Sir Walter nous fit préparer à bord une
cabine voisine de la sienne. Lorsque le navire eut
réparé ses avaries, nous nous y embarquâmes,
non sans donner des regrets à la terre hospitalière
où nous avions trouvé le nécessaire, la tran-

quillité, et où nous avions eu le bonheur de nous rejoindre après une longue séparation. Nous n'emportâmes que nos vêtements et la cassette de madame d'Altamont. Je fis présent au capitaine de mon perroquet; il était si bien instruit et parlait si distinctement, qu'il devait avoir un grand prix pour les amateurs. On pense bien que je n'abandonnai pas mon ami, mon sauveur, le fidèle Castor. Plusieurs officiers me proposèrent de l'acheter, mais j'avais trop d'attachement pour ce bon animal : c'était entre nous à la vie et à la mort.

Après trois semaines de navigation, nous arrivâmes à l'île de Saint-Christophe. Sir Walter y avait des amis et des correspondants; il se logea dans un fort bel hôtel, et exigea de notre amitié d'y prendre aussi un logement. Dès qu'il eut mis ordre à ses affaires, il s'occupa des nôtres. Voyant que nous brûlions du désir de revoir la France, il arrêta notre passage sur un vaisseau anglais en partance pour Plymouth, et ne négligea rien pour que nous jouissions de toutes les commodités possibles pendant la traversée. Quand nous voulûmes régler le compte de notre dépense, notre hôte nous apprit que tout était payé. Le capitaine ne nous permit pas de lui exprimer notre reconnaissance, et prétendit que c'était lui qui était notre obligé. Il vint nous conduire au vaisseau; nos adieux furent très tendres; Walter

profita de l'effusion générale pour se jeter dans
la chaloupe, d'où il nous fit, avec son mouchoir,
des signes d'amitié tant que nous pûmes l'apercevoir.

La traversée, qui fut fort heureuse, ne nous
ennuya nullement, quoique nous ne puissions
faire société avec aucun de ceux qui montaient
le vaisseau, dont pas un n'entendait un mot de
français. Nous ne restâmes que trois jours à
Plymouth pour nous reposer. Nous prîmes la
poste pour Douvres, et nous montâmes sur le
paquebot pour nous rendre à Calais. La santé de
ma mère nous obligea de passer quelques jours
dans cette ville ; elle eut plusieurs accès de
fièvre. Je fis venir un médecin, et nos soins
réunis la rétablirent assez promptement. Nous
étions en France, mais nos vœux n'étaient pas
encore remplis, nous soupirions après notre pays
natal, les lieux que nous avions habités semblaient pouvoir seuls nous dédommager du séjour
agréable et paisible de notre île. Nous partîmes
de Calais dans la diligence, le voyage fut gai;
nous avions très bonne compagnie, et les charmes d'une conversation intéressante nous dis-
trayaient de l'extrême impatience que nous avions
d'arriver. Enfin nous sommes à Brest. A peine
nous donnons-nous le temps de prendre un léger
repas, nous montons dans une petite voiture, et
moins d'une heure après nous apercevons le

clocher de notre village. Des larmes de joie
mouillent nos paupières, tous les objets que nous
reconnaissons font palpiter nos cœurs. Voici la
belle avenue de tilleuls qui conduit au village;
nous sommes sur la place où les vieillards se ras-
semblent pour parler du passé, où la jeunesse
danse le dimanche au son d'une musette champêtre, où les enfants se livrent aux jeux bruyants
de leur âge. Pour moi, je me rappelais le moment
de mon départ, cette impatience que j'avais de
quitter ma mère, et les malheurs qui avaient été
la juste punition de mon ingratitude.

Nous avions dû dépenser quatre mille francs
sur la somme que nous avions en dépôt. Nous
fîmes remettre la cassette aux héritiers de madame d'Altamont, en leur demandant trois mois
pour vendre une pièce de terre et remplacer la
somme que nous avions été forcés d'en distraire.
Le fermier qui avait loué notre maison et les terres
qui en dépendaient était un homme peu laborieux,
et qui, par conséquent, faisait fort mal ses affaires;
il consentit à nous remettre le tout, moyennant
un dédommagement de peu d'importance.

Nous rentrâmes ainsi dans la possession de
notre maison et de nos terres ; tout cela était en
fort mauvais état, mais nous avions les moyens
et la volonté d'améliorer notre bien.

Deux principaux héritiers de madame d'Altamont vinrent en personne nous trouver.

On leur avait suscité un procès injuste, et les papiers que nous avions sauvés leur en assuraient le gain. Ils ne voulurent jamais entendre parler de la restitution que nous voulions leur faire, et forcèrent ma mère d'accepter une belle bague comme un gage de leur gratitude.

Nos biens prospèrent chaque jour; nous vivons dans une douce aisance, et notre attachement mutuel nous rend aussi heureux qu'on peut l'être en ce monde. Tomy va à l'école; à dix ans je le mettrai au collége, afin qu'il puisse un jour choisir l'état qui lui conviendra.

Estimés de nos voisins, tranquilles dans notre intérieur, nous faisons partager notre félicité à ceux qui nous entourent.

Mon existence montre combien il est utile d'acquérir de bonne heure un grand nombre de connaissances; de s'endurcir à la fatigue, aux intempéries des saisons, de bannir les vaines frayeurs, et de fortifier son âme contre tous les événements. Ceux qui composent la vie de l'homme sont si variés qu'on ne peut prévoir les situations où l'on pourra se trouver; mais la patience et le courage sont de puissantes armes dans toutes les situations.

FIN.

TABLE

FIN DE LA TABLE.

Limoges. — Imp. E. ARDANT et Cⁱᵉ

Original en couleur

NF Z 43-120-8

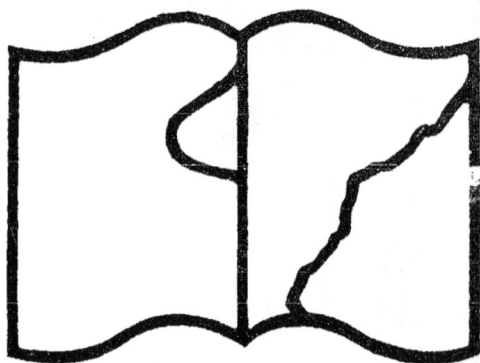

Texte détérioré — reliure défectueuse

NF Z 43-120-11

CH

ÉDITION REVUE

PAR E. DU CHATENET

LIMOGES
EUGÈNE ARDANT ET Cie, ÉDITEURS.